Die Manns

kleine bayerische biografien

herausgegeben von
Thomas Götz

DIRK HEMPEL

Die Manns

*Der ›Zauberer‹
und seine Familie*

Verlag Friedrich Pustet
Regensburg

◆◆◆

kleine bayerische biografien

Biografien machen Vergangenheit lebendig: Keine andere literarische Gattung verbindet so anschaulich den Menschen mit seiner Zeit, das Besondere mit dem Allgemeinen, das Bedingte mit dem Bedingenden. So ist Lesen Lernen und Vergnügen zugleich.
Dafür sind gut 100 Seiten genug – also ein Wochenende, eine längere Bahnfahrt, zwei Nachmittage im Café.
Wobei *klein* nicht leichtgewichtig heißt: Die Autoren sind Fachleute, die wissenschaftlich Fundiertes auch für den verständlich machen, der zwar allgemein interessiert, aber nicht speziell vorgebildet ist.
Bayern ist von nahezu einzigartiger Vielfalt: Seinen großen Geschichtslandschaften Altbayern, Franken und Schwaben eignen unverwechselbares Profil und historische Tiefenschärfe. Sie prägen ihre Menschen – und wurden geprägt durch die Männer und Frauen, um die es hier geht: Herrscher und Gelehrte, Politiker und Künstler, Geistliche und Unternehmer – und andere mehr.
Das wollen die KLEINEN BAYERISCHEN BIOGRAFIEN: Bekannte Personen neu beleuchten, die unbekannten (wieder) entdecken – und alle zur Diskussion um eine zeitgemäße regionale Identität im Jahrhundert fortschreitender Globalisierung stellen. Eine Aufgabe mit Zukunft.

Dr. Thomas Götz, Herausgeber der Buchreihe, geboren 1965, studierte Geschichte, Germanistik und Philosophie. Er lehrt Neuere und Neueste Geschichte an der Universität Regensburg und legte mehrere Veröffentlichungen, vor allem zu Stadt und Bürgertum in Bayern und Tirol im 18., 19. und 20. Jahrhundert, vor. Darüber hinaus arbeitet er im Museums- und Ausstellungsbereich.

Inhalt

1 »München leuchtete«? **7**

2 Ankunft in München **9**
Von Lübeck nach Bayern / *Die Familien Mann und Bruhns* / Das Familienleben in München / Die Geschwister / Julia Manns Salon / »Der Büreaudichter«

3 Wege zum Ruhm: Von »Gefallen« bis »Buddenbrooks« **18**
»Jener etwas unbestimmte Beruf« / Der Schwabinger Schlawiner / München wird zur Literaturstadt / *München leuchtete* / In Italien / Schwabinger Verstecke / Die Geschwister um 1900 / Im Infanterie-Leibregiment / »*Buddenbrooks. Verfall einer Familie*«

4 Die Familiengründung und das neue Haus im Herzogpark **34**
»Die Märchenbraut« / *Die Familien Pringsheim und Dohm* / »Nichts gleicht meinem Glücke« / Werke, Kinder, Reisen, Häuser / »Eine komische Familie, Katja's neue Familie« / »*Der Tod in Venedig*«

5 Der Erste Weltkrieg **54**
Bruderzwist / *Die »Ideen von 1914«* / Des Schriftstellers Tagesablauf / »Erziehung ist Atmosphäre, weiter nichts« / Katias Aufgaben / Leben im Krieg / »Betrachtungen eines Unpolitischen«

6 Jahre des Wandels: Die Weimarer Republik **66**
Revolution in München / »Politik umschäumt mich« / *Von der Münchner Novemberrevolution zur Räterepublik* / Das Hauptwerk der 1920er-Jahre / Frau Senator / Viktor –

»ein guter Bursch« / Julia – »weibliches Neben-Ich« / Erika und Klaus – die »Zwillinge« / Golo – der Pfadfinder / Monika – die Einzelgängerin / Elisabeth und Michael – die »Kleinen« / Der Weltdichter / Nidden – »Onkel Toms Hütte« / Noch einmal: Bekenntnis zur Republik

7 Exil **92**
Von Arosa nach Sanary-sur-Mer / »... daß meine Rückberufung die Folge sein könnte«? / Die Kinder im Exil / Pringsheims / »Wo ich bin, ist Deutschland« / *Emigranten in Los Angeles* / Viktor allein in München / Kriegsende in Europa

8 Rückkehr nach Europa **107**
»Warum ich nicht nach Deutschland zurückgehe« / *Deutsche Literatur nach 1945* / Erschütterungen im Goethejahr / »Doktor Faustus« / »Und ich ginge wieder beim Aumeister spazieren« / Heinrich Mann und die DDR / Die Rückkehr der Kinder / »Seltsam festlich geräuschvolles Abschnurren des Lebensrestes«

9 »Nach-Leben« **124**
»Ich habe in meinem Leben nie tun können, was ich hätte tun wollen« / Der Schatten des Zauberers / »Umklammerung durch die übermächtige Familie« – Die Enkel

Anhang **133**
Zeittafel / Literaturverzeichnis / Bildnachweis

1 »München leuchtete«?

»Bombardierung Münchens mit 200 Flugzeugen und größten Kalibern. Die Explosionen bis in die Schweiz hörbar, die Erde viele Meilen weit erschüttert. Der alberne Platz hat es geschichtlich verdient«, notierte Thomas Mann in Pacific Palisades am Abend des 20. September 1942 in seinem Tagebuch. Er litt in diesen Tagen unter der kalifornischen Spätsommerhitze, ging im weißen Anzug auf der Promenade spazieren und arbeitete am vierten »Joseph«-Roman. Die Kämpfe um Stalingrad verfolgte er gespannt, die Deutschen bezeichnete er als »Hitleriten«, das Schicksal der Münchner Bombenopfer interessierte ihn offensichtlich kaum. Ausdruck einer schweren Verletzung, Tiefpunkt einer jahrzehntelangen Beziehung.

Beinahe 40 Jahre hatte er in München gewohnt, ein halbes Leben. Hier hatte er die »Buddenbrooks« und den »Zauberberg« geschrieben, eine Frau gefunden, geheiratet, hier waren seine sechs Kinder zur Welt gekommen. Auch seine Mutter und seine Geschwister hatten in der bayerischen Hauptstadt gelebt. Hier hatte er ein herrschaftliches Haus besessen, gefüllte Bankkonten und zwei luxuriöse Automobile, war er als Nobelpreisträger offiziell gefeiert worden – in München hatte man ihn aber auch geschmäht und verfolgt.

Die Feiern waren schnell vergessen nach 1933, die Angriffe gegen seine Person, seine Familie und seinen Besitz jedoch nicht. Ihn schmerzte im Exil der Verlust des Eigentums, wohl auch eine Zeit lang, dass man ihn nicht zurückgerufen hatte. Dabei war sein Verhältnis zur Kunststadt von Anfang an ambivalent gewesen. Thomas Mann, der Lübecker, nannte seine Wahlheimat nur »die Stadt, in der ich lebe«. Er bezeichnete sie als »albern« und »gefährlich«: »Die Mischung aus bürgerlichem Stumpfsinn, alias Gemütlichkeit, Leichtsinn und Schwabinger Literatur-Radikalismus ist ekelhaft.« Seine Romanfigur Toni Buddenbrook ließ er schon 1901 über die Münchner aussprechen, was er dachte: »Akklimatisieren? Nein, bei Leuten ohne Würde, Moral, Ehrgeiz, Vornehmheit und Strenge, bei unsoignierten, unhöflichen und saloppen Leuten, bei Leuten, die zu gleicher Zeit träge und leichtsinnig, dickblütig und oberflächlich sind ... bei solchen Leuten kann ich mich nicht akklimatisieren.« Er hielt die Stadt von Anfang an für »unliterarisch«, sah sie schon in den frühen 20er-Jahren wegen des verstockten reaktionären Geistes, der die Oberhand über das liberale Schwabing gewann, als »Stadt Hitlers«.

Auf der anderen Seite wusste er die Ignoranz der Bewohner auch zu schätzen, weil er sich »hier völlig inkognito« bewegen konnte. Und stammte nicht eines der berühmtesten Zitate über diese Stadt von Thomas Mann: »München leuchtete ...«? Er lebte »in Protest und in Ironie gegen seine Umgebung«, erhöhte sich so »das Lebensgefühl«, hielt es also aus in der »Kunststadt« an der Isar, vor allem zwischen Schwabing, Herzogpark und Maximilianstraße. Hier fand er »die alte deutsche Mischung von Kunst und Bürgerlichkeit«, die ihm behagte. Er passte auch kaum in die Provinz, ins schlesische Riesengebirge etwa wie Gerhart Hauptmann, oder wie Bertolt Brecht nach Berlin, die europäische Kulturhauptstadt der 1920er-Jahre.

Kurz vor der Emigration hegte er sogar die Hoffnung, München, »die Stadt der Menschlichkeit, des offenen Herzens, der künstlerischen Freiheit«, könne »Heimat einer deutsch-europäischen Klassik« werden, eine »Stätte, durch die sich Deutschland am besten, am glücklichsten mit der Welt verbinden und versöhnen mag – eine Weltstadt anderen Sinnes als Berlin, eine weltdeutsche Stadt, weltdeutsch wie Goethe es war und durch ihn einst Weimar«. Nach 1945 spielte er mit dem Gedanken, das Angebot der Münchner Stadtoberen anzunehmen und zurückzukehren, »wieder beim Aumeister spazieren« zu gehen. Am Ende aber überwog die Abneigung gegen Deutschland, das ihn, seinen bedeutendsten Schriftsteller, verstoßen hatte. Doch noch kurz vor seinem Tod versprach er sich bei einer Rede in Zürich, bedankte sich beim »Münchner Publikum«.

Die wechselhafte Geschichte Thomas Manns, seiner Mutter und Geschwister, seiner Ehefrau, Kinder und Enkel in München und Bayern zwischen 1894 und der Gegenwart erzählt dieses Buch.

2 Ankunft in München

VON LÜBECK NACH BAYERN

Thomas Mann kam Ende März 1894 nach München. Er war 18 Jahre alt und hatte das Gymnasium in seiner Heimatstadt Lübeck nach dreimaligem Sitzenbleiben in der Obersekunda vorzeitig verlassen. »Ein verkommener Gymnasiast«, wie er später schrieb, der »faul, verstockt und voll liederlichen Hohns über das Ganze« die Jahre abgesessen hatte. Einen, seinen Abschied aus der »engen Vaterstadt« verarbeitete er neun Jahre später in der Erzählung »Tonio Kröger« (1903): »Und er verließ die winklige Heimatstadt, um deren Giebel der feuchte Wind pfiff, verließ den Springbunnen und den alten Walnußbaum im Garten, die Vertrauten seiner Jugend, verließ auch das Meer, das er so sehr liebte, und empfand keinen Schmerz dabei. Denn er war groß und klug geworden, hatte begriffen, was für eine Bewandtnis es mit ihm hatte, und war voller Spott für das plumpe und niedrige Dasein, das ihn so lange in seiner Mitte gehalten hatte.«

Seine Mutter und seine jüngeren Geschwister wohnten schon seit dem Juli 1893 an der Isar. Der vier Jahre ältere Bruder Heinrich lebte als freier Schriftsteller an wechselnden Orten. Der Vater Thomas Johann Heinrich Mann, ein wohlhabender Kaufmann, war 1891 im Alter von 51 Jahren an Blasenkrebs gestorben. Der niederländische Konsul und Lübecker Senator, Minister der norddeutschen Stadtrepublik, hatte immer ein wenig extravagant gelebt, seine Anzüge in London schneidern lassen, russische Zigaretten geraucht und französische Romane gelesen. Thomas war als Nachfolger in der Firma vorgesehen gewesen, aber kurz vor seinem Tod hatte der Vater das Testament geändert. Die 100 Jahre alte Getreidehandlung wurde liquidiert, das Vermögen angelegt.

Die Mutter Julia, geboren 1851, war als Tochter eines Lübecker Kaffeeexporteurs in Brasilien aufgewachsen. Sie galt in der noch mittelalterlich engen Hafenstadt an der Ostsee als exotische Schönheit. Als Witwe zog sie den kunstsinnigen Süden, »die heitere, freiere Luft«, wie sich ihr Sohn Viktor später

Die Familien Mann und Bruhns

Die Manns stammten ursprünglich aus Nürnberg und waren Handwerker. Seit dem frühen 16. Jahrhundert sind sie nachzuweisen. Wann sie nach Mecklenburg kamen, ist nicht belegt. In Grabow waren sie im 17. Jahrhundert als Ratsherren tätig, im 18. Jahrhundert in Rostock als Kaufleute und Seefahrer. Von dort ging Johann Siegmund Mann 1775 nach Lübeck, wo er ein »Commissions- und Speditionsgeschäft« gründete, das sich später zum Getreidehandel wandelte. Im Jahr 1794 erhielt er das Bürgerrecht. Er brachte es bis zum »Äldermann der Bergenfahrer«, einer Korporation von Kaufleuten. Er besaß ein geräumiges Haus und Speicher an der Trave. Sohn Johann Siegmund übernahm den Getreidehandel. Er wurde niederländischer Konsul, heiratete die Tochter eines Schweizer Kaufmanns, Elisabeth Marty. Im März 1848 starb er an einem Schlaganfall. Sein ältester Sohn, Kaufmann und Konsul Thomas Johann Heinrich Mann, geboren 1840, führte die Firma ab 1862 fort und wurde später Senator für Wirtschaft und Finanzen der Stadtrepublik, der wichtigste Politiker nach dem Bürgermeister, Minister eines deutschen Bundesstaates. Er heiratete 1869 Julia da Silva Bruhns, die Tochter des Weinhandelskaufmanns Johann Ludwig Bruhns, dessen Vorfahren ebenfalls aus Rostock nach Lübeck gekommen waren. Er gründete 1841 in São Paulo eine Exportfirma für Kaffee und Zucker, heiratete die Portugiesin Maria da Silva und wurde ein reicher und angesehener Mann. Als sie 1856 starb, brachte der Witwer seine sechs Kinder nach Lübeck zurück, unter ihnen die fünfjährige Julia. In Lübeck wuchs sie in einem Pensionat auf. Thomas Johann Heinrich Mann lernte sie auf einem Ball kennen. Sie bezogen ein Haus in der Breiten Straße. Hier und bald im neugebauten repräsentativeren Haus in der Beckergrube wurden ihre fünf Kinder geboren: Luiz Heinrich (geb. 1871), Paul Thomas (1875), Julia (1877), Carla (1881) und Viktor (1890).

Thomas Mann, Fotografie von 1894

erinnerte, dem ungeliebten, protestantisch strengen Norden vor. Die Senatorin bezog mit ihren Kindern Julia, genannt Lula, Carla und Viktor eine herrschaftliche Wohnung mit acht Zimmern an der Rambergstraße 2, einer kleinen Straße hinter der Königlichen Akademie der Bildenden Künste an der Grenze zu Schwabing. Die Wohnung lag im Parterre eines Neubaus, der im Zweiten Weltkrieg zerstört wurde. Die Nachbarn waren standesgemäß: ein Kaufmann und Königlich Württembergischer Konsul und ein adeliger Major, hoher Beamter der Militärjustiz.

DAS FAMILIENLEBEN IN MÜNCHEN

Wenig ist bekannt über das Leben der Familie Mann in den ersten Jahren in München; es existieren nur spärliche Aufzeichnungen. Viktor Manns Lebenserinnerungen »Wir waren fünf« (1949) stellen die wichtigste Quelle dar, neben einigen literarisierten Schilderungen in den Werken Thomas Manns. So lässt er etwa in dem Roman »Doktor Faustus« (1947) den Komponisten Adrian Leverkühn, die Hauptperson, nach München ziehen: »Er wohnte in der Rambergstraße, nahe der Akademie, als Untermieter einer Senatorswitwe aus Bremen namens Rodde, die dort in einem noch neuen Hause mit ihren beiden Töchtern eine Wohnung zu ebener Erde innehatte. Das nach der stillen Straße gelegene Zimmer, gleich rechts neben der Entreetür, das man ihm abtrat, sagte ihm wegen seiner Reinlichkeit und sachlich-familiären Einrichtung zu, und bald hatte er es sich mit seiner persönlichen Habe, seinen Büchern und Noten vollends gerecht gemacht.«

Das Esszimmer der Familie Mann dominierten ein hohes Büfett und ein ausladender Tisch, von Löwenpranken gehalten. Im Salon stand ein Bechstein-Flügel, auf dem einst der Erste Kapellmeister des Lübecker Stadttheaters die Senatorin begleitet hatte. Julia Mann spielte immer noch täglich darauf und sang dazu Lieder von Grieg, Chopin und Wagner. Die Wohnung lag dem historistischen Geschmack der Zeit entsprechend im Halbdunkel schwerer Samtvorhänge. Kübelpalmen, chinesische Bodenvasen, Büsten griechischer Göttinnen auf Postamenten, hohe Bücherschränke mit dem bilderreichen »Deutsch-Französischen Krieg«, dem von den älteren Brüdern zerblätterten »Land der Pyramiden«, an den Wänden niederländische und italienische Landschaftsdarstellungen, ein Dutzend feine, von Heinrich für die Mutter bemalte Porzellanteller mit bärtigen Sultanen, Rittern und Damen. Die Attraktion bildete ein ausgestopfter sibirischer Braunbär mit einer Schale für Visitenkarten in den Tatzen. Thomas Mann schilderte ihn später in dem Roman »Buddenbrooks« (1901). Der Zigarrenschrank des verstorbenen Vaters, dem noch der Duft des Tabaks entströmte, verbreitete für den kleinen Viktor das »Arom

Carla Mann mit dem ausgestopften Bären, Fotografie um 1896

›Lübecks‹«. Das gab es auch an Weihnachten, mit Niederegger Marzipan, Äpfeln, Feigen, Nüssen, Datteln, Braunen Kuchen und dem in »Buddenbrooks« geschilderten »Plettenpudding«.

Jedes Kind hatte ein eigenes Zimmer. Selbst für den gelegentlich anreisenden Heinrich wurde ein Raum vorgehalten, ihm war aber »München und das Familienleben gleichmäßig immer unleidlicher geworden«, wie er schon 1893 in einem Brief schrieb. Dazu gab es Kammern für Kinder- und Hausmädchen. Zur Wohnung gehörte ein Garten, der von einer Steinmauer und Fliederbüschen eingefasst war. Von der Terrasse führten Stufen zum Rasen hinunter. Im Sommer trank die Familie an den geruhsamen Münchner Nachmittagen unter einem braunen Segeltuchzelt ihren Tee. Von der Straße drang das leise Geräusch von Pferdehufen und Droschkenrädern herein. Hinter der Mauer spielten die Straßenjungen. Ein Kiesweg führte zu Stallungen, in denen die Offiziersburschen die Pferde striegelten. Dahinter leere Flächen, Bauplätze, das sich eben erst von einem Bauerndorf zum Stadtteil wandelnde Schwabing.

DIE GESCHWISTER

Thomas Mann und seine Geschwister: Julia, mit ihren 17 Jahren ein »wortgewandtes Wesen mit stolzer Haltung und ausgesprochenem Hang zur Repräsentation«, wie sich Viktor später erinnerte, und die zu Ohnmachten neigende, bleichsüchtige Carla, ein 13-jähriges Mädchen »mit enormem Appetit«, dichtende Backfische in weißen Kleidern. Der vierjährige Viktor hingegen in kurzer Lederhose, mit langen wilden Locken, der Löwenmähne, in der Obhut eines Kindermädchens, das mit ihm im Englischen Garten spazieren ging. Bayerische Dialektausdrücke durfte er nicht benutzen, aber von den Nachbarskindern konnte sie ihn nicht lange fernhalten: Er befreundete sich mit dem Sohn des Hausmeisters, aß Schmalzbrote in der Bedienstetenwohnung.

Der Umzug nach München bedeutete für Thomas Mann auch ein Wiedersehen mit dem damals noch verehrten Bruder Heinrich, der Ende April aus Italien zurückkehrte, wo er eben seinen ersten Roman beendet hatte. Im Jahr 1889 hatte Heinrich das Lübecker Gymnasium ohne Abschluss verlassen und in Dresden eine Buchhändlerlehre angefangen. Im folgenden Jahr zog er nach Berlin, begann ein Volontariat im dortigen S. Fischer Verlag, dem führenden deutschen Verlag der litera-

Julia Mann mit Viktor, Fotografie um 1897

rischen Moderne, und hörte daneben Vorlesungen an der Universität. Lungenblutungen brachten ihn ins Sanatorium, zu Kuraufenthalten nach Wiesbaden und Lausanne. Der Vater hatte in seinem Testament bestimmt, es sei »den Neigungen meines ältesten Sohnes zu einer s. g. literarischen Tätigkeit entgegenzutreten. Zu gründlicher, erfolgreicher Tätigkeit in dieser Richtung fehlen ihm m. E. die Vorbedingnisse, genügendes Studium und umfassende Kenntnisse. Der Hintergrund seiner Neigungen ist träumerisches Sichgehenlassen und Rücksichtslosigkeit gegen andere, vielleicht auch Mangel an Nachdenken.« Dennoch arbeitete er seit Jahren an einem Roman, der, finanziert von seiner Mutter, 1894 unter dem Titel »In einer Familie« in einem Münchner Verlag erschien. Die Brüder verstanden sich gut, das »freundschaftliche Verhältnis« steigerte sich in München zu »wahrhaft brüderlicher Intimität«. Zwischen Juli und Oktober hielt sich Heinrich in Berlin auf, arbeitete an Novellen, die er dem begeisterten Bruder vorlas (»Das Wunderbare«, »Contessina«), bevor er Ende Dezember 1894 für längere Zeit nach Rom reiste.

JULIA MANNS SALON

Die Senatorenwitwe führte ein gastfreundliches Haus. An Lübeck, für Viktor ein »märchenschöner Ort«, erinnerte nur noch ein Gemälde in seinem Kinderzimmer, Türme, Giebel, Segelschiffe. In ihrem Salon gaben nun Münchner Lokalgrößen den Ton an, ein großer Kreis von Freunden und Bekannten, vor allem Musiker, Dirigenten, Komponisten und Künstler aller Art, etwa die Maler Leo Putz und Baptist Scherer, aber auch kunstsinnige Beamte, Freunde der ältesten Söhne und Tanzstundenherren der Töchter, zumeist ernste Fähnriche von der königlich bayrischen Kriegsschule. Eine »künstlerische oder halbkünstlerische Welt«, wie es in dem Roman »Doktor Faustus« heißt, »eine sozusagen stubenreine Bohème, gesittet und dabei frei, locker, amüsant genug, um die Erwartungen zu erfüllen, die Frau Senator Rodde bestimmt hatten, ihren Wohnsitz von Bremen nach der süddeutschen Hauptstadt zu verlegen«. Das Hausmädchen reichte Tee mit Rum, Anchovisbrötchen und englisches Gebäck.

München war unter Prinzregent Luitpold, dem Nachfolger Ludwig II., schon vor der Jahrhundertwende zur führenden Kunstmetropole aufgestiegen. Bedeutende Museen wie die Pinakotheken, die Glyptothek, das Völkerkunde- und das Nationalmuseum standen den Berliner Einrichtungen in ihrer Bedeutung kaum nach. Die bayrische Residenz sei, so Thomas Mann, »die Stadt der bildenden und schmückenden Künste; die Lebensform des ›Kunstmalers‹ ist hier die allerlegitimste«.

Malerfürsten wie Franz von Lenbach, Friedrich August von Kaulbach und Franz Stuck hielten Hof, der Monarch besuchte selbst unbekannte Künstler in ihren Ateliers, »Malweiber« bildeten sich in privaten Kunstschulen aus. Der an der Kunstakademie gepflegte Stil der Münchner Schule zog junge Künstler aus ganz Europa an, so dass Pablo Picasso 1897 in einem Brief schrieb: »Wenn ich einen Sohn hätte, der Maler werden möchte, würde ich ihn nicht einen Augenblick in Spanien festhalten, und glauben Sie nicht, dass ich ihn nach Paris schicken würde (wo ich gerne selber wäre), sondern nach München.«

»DER BÜREAUDICHTER«

Thomas Mann aber ging scheinbar vorerst andere Wege, erlernte, wie es der Vormund des Minderjährigen bestimmt hatte, einen bürgerlichen Beruf. Am 1. April 1894, wenige Tage nach seiner Ankunft in München, trat er als unbezahlter Volontär in die Süddeutsche Feuer-Versicherungsbank ein. Aus dem Vermögen des Vaters erhielt er monatlich 180 Mark, davon ließ es sich angenehm leben, selbst wenn er noch Geld für Kost und Logis an seine Mutter abgeben musste.

Das Büro der Versicherung lag im ersten Stock eines Hauses an der Salvatorstraße 18. »Unter schnupfenden Beamten kopierte ich Bordereaus«, also Listen der zu versichernden Gegenstände. Mittags aß er in billigen Wirtshäusern Suppe oder Braten mit Beilage. Dem kleinen Bruder Viktor imponierte besonders ein Drehstuhl, den er bei einem Besuch seines Bruders »Ommo«, der ihm lange wie ein Onkel vorkam, ausprobierte. Allerdings dachte Thomas Mann nicht daran, Versicherungsbeamter zu werden. Er hatte sich aus der Heimat davongemacht, wie er später schrieb, »um mit sonderbarer Sorglosigkeit das Wagnis eines Künstlerdaseins einzugehen«. Die Stelle nahm er nur an, um seine Mutter zu beruhigen – »das Wort ›vorläufig‹ im Herzen«. Im Notizbuch hatte er bereits eine Liste mit Novellentiteln angelegt, die er sich vorgenommen hatte, darunter »Der Büreaudichter«. Und unter den Policenformularen lag auf dem Schrägpult das Manuskript der ersten Erzählung.

3 Wege zum Ruhm: Von »Gefallen« bis »Buddenbrooks«

»JENER ETWAS UNBESTIMMTE BERUF«

»Gefallen« erschien im Oktober 1894 in der naturalistischen Zeitschrift »Die Gesellschaft« und hatte einen »Bombenerfolg«, wie Thomas Mann einem Freund schrieb. Die Erzählung über Gespräche eines Herrenabends zum Thema Frauenemanzipation machte ihren 19-jährigen Verfasser auf einen Schlag in der literarischen Szene Münchens und darüber hinaus bekannt. Auch wenn er zu seinem Ärger statt eines Honorars nur drei Freiexemplare erhielt, schien der Einstieg des Debütanten gelungen: »Hier in München redet mich wenigstens jeder Mensch auf die Geschichte hin an.« Richard Dehmel, ebenfalls Versicherungsangestellter, aber bereits auf dem Weg zu Dichterruhm, sprach von »einfacher, seelenvoller Prosa«, erbat sich Erzählungen für die neue, bedeutende literarische Zeitschrift »Pan«, die diese dann jedoch ablehnte, und gab dem Neuling einige fachmännische Ratschläge.

Der »Büreaudichter« hatte der Feuerversicherung bereits im August 1894 gekündigt – mithilfe ihres Anwalts überzeugte er die besorgte Mutter: »Unter seiner Zustimmung erklärte ich ›Journalist‹ werden zu wollen, ließ mich an den Münchner Hochschulen, der Universität und dem Polytechnikum, als Hörer eintragen und belegte Vorlesungen, die geeignet schienen, mich auf jenen etwas unbestimmten Beruf allgemein vorzubereiten.«

Nicht Journalist war sein eigentliches Ziel, sondern »freier Schriftsteller«, wie sein bewunderter Bruder Heinrich. Dafür galt es, Wissen zu erwerben. »Unter die Lyriker gehen […] und verhungern«, das wollte er denn doch nicht, wie es in einem Brief heißt. Thomas Mann besuchte fortan die Königliche Bibliothek und die Akademische Lesehalle, belegte als Gasthörer im Wintersemester 1894/95 und im folgenden Sommer an der Technischen Hochschule etliche Vorlesungen, für eine Gebühr von 2,50 Mark pro Semester und Wochenstunde. Nationalökonomie bei Max Haushofer fesselte ihn anfangs am meisten. Er hörte aber auch über Mythologie, Kunstgeschichte (v. a. altägyptische Tempelbauten), über deutsche Geschichte und Literaturgeschichte, erwarb Kenntnisse, wie das erhaltene »Collegheft« dokumentiert, die sich in den späteren Werken nachweisen lassen. Alle Vorlesungen waren so gewählt, dass sie nach 15 Uhr begannen, weil der Student bis mittags, zuweilen bis in den Nachmittag schlief.

Im Sommer 1895 ließ sein Interesse an der Wissenschaft allmählich nach. Dem »Akademisch-dramatischen Verein« war er schon im Januar beigetreten, der durch Lesungen und Aufführungen vor einem aufgeschlossenen, zahlungskräftigen Publikum die Literatur der beginnenden Moderne, vor allem den Naturalismus, nach München bringen wollte. Im Juni 1895 spielte Thomas Mann in Ibsens »Wildente« unter der Regie Ernst von Wolzogens den Großhändler Werle, aufgeführt im Orpheum, Sonnenstraße 12.

Danach fuhr er mit seiner 14-jährigen Schwester Carla nach Neubeuern bei Rosenheim und weiter ins österreichische Kufstein, erlebte erstmals bewusst die Berge und das Ausland.

DER SCHWABINGER SCHLAWINER

Zurück in München blieb seine Lebensführung »sehr unsolide«, wie er einem Jugendfreund schrieb. Dazu gehörten die »Kaffeehauskumpanei« im Akademisch-dramatischen Verein, vorzugsweise im Café Central am Odeonsplatz, die Proben, Theater- und Konzertbesuche, »immer drei Viertel des Tages und drei Viertel der Nacht dem Schreibtisch fern!« Er verbummele ganz und gar, berichtete Thomas Mann dem Jugendfreund, trinke Wein, komme immer erst morgens zwischen vier oder halb fünf Uhr nach Hause, »wenn es schon ganz hell war und alle Vögel zwitscherten«.

Thomas Mann, der Senatorensohn aus der vornehmen norddeutschen Stadtrepublik, war zum »Schlawiner« geworden, zum Mitglied einer neuen Boheme der »Zugereisten«. Sie trafen sich zwischen Maxvorstadt und Schwabing, dem gerade entstehenden Stadtteil hinter Kunstakademie und Universität. Die Maß Bier kostete in der Schwabinger Brauerei nur 22

Pfennig, aber sich unbürgerlich gebende Künstler aller Art ließen bei ihren Wirten anschreiben: »Maler, Bildhauer, Dichter, Modelle, Nichtstuer, Philosophen, Religionsstifter, Umstürzler, Erneuerer, Sexualethiker, Psychoanalytiker, Musiker, Architekten, Kunstgewerblerinnen, entlaufene Töchter, ewige Studenten, Fleißige und Faule, Lebensgierige und Lebensmüde«, wie sich Erich Mühsam, Apothekersohn aus Lübeck und späterer anarchistischer Schriftsteller, Ende der 1920er-Jahre erinnerte. Eine »Massensiedlung von Sonderlingen«, die gegen die engen Konventionen der bürgerlichen Gesellschaft aufbegehrten, auch gegen das übermächtige »Berlin« und den Wilhelminismus, für freie Sitten und freie Liebe eintretend, »ein ewiges Fest« inszenierend, die Männer zuweilen langhaarig, die Frauen mit kurzgeschorenem Haar.

Thomas Mann lebte für einige Zeit in dieser Schwabinger Mischung aus Künstlern, Handwerkern, Arbeitern, Professoren, Studenten, hohen Beamten, Pensionären, zu Geld gekommenen Bauern, die ländlich fromm und festfreudig, spießig und tolerant, lokalpatriotisch und weltläufig zugleich war. »Schwabing«, schrieb die Schriftstellerin und »Schwabinger Skandal-Gräfin« Franziska zu Reventlow in einem Brief, sei »nicht ein Stadtteil, sondern eine geistige Bewegung«. Thomas Mann gehörte dazu. Er war »zeitig verpflanzt worden«, wie er später schrieb, »Zufall oder nicht-Zufall« – er war zur rechten Zeit gekommen.

MÜNCHEN WIRD ZUR LITERATURSTADT

In diesen Jahren wandelte sich die bayerische Residenz zur Großstadt, machte sich auf, eine europäische Metropole der künstlerischen Moderne zu werden, des Naturalismus, des Symbolismus, der Décadence und des Jugendstil. August Endells berühmte Fassade des Photo-Ateliers Elvira etwa, das die Frauenrechtlerinnen Anita Augspurg und Sophia Goudstikker an der Von-der-Tann-Straße betrieben, ist in der München kritisch schildernden Erzählung »Gladius Dei« erwähnt, das Leben der Boheme scheint auch in anderen Prosatexten der Zeit durch.

»Gladius Dei«

»München leuchtete. Über den festlichen Plätzen und weißen Säulentempeln, den antikisierenden Monumenten und Barockkirchen, den springenden Brunnen, Palästen und Gartenanlagen der Residenz spannte sich strahlend ein Himmel von blauer Seide, und ihre breiten und lichten, umgrünten und wohlberechneten Perspektiven lagen in dem Sonnendunst eines ersten, schönen Junitages.

Vogelgeschwätz und heimlicher Jubel über allen Gassen ... Und auf Plätzen und Zeilen rollt, wallt und summt das unüberstürzte und amüsante Treiben der schönen und gemächlichen Stadt. Reisende aller Nationen kutschieren in den kleinen, langsamen Droschken umher, indem sie rechts und links in wahlloser Neugier an den Wänden der Häuser hinaufschauen, und steigen die Freitreppen der Museen hinan ...

Viele Fenster stehen geöffnet, und aus vielen klingt Musik auf die Straßen hinaus, Übungen auf dem Klavier, der Geige oder dem Violoncell, redliche und wohlgemeinte dilettantische Bemühungen. Im ›Odeon‹ aber wird, wie man vernimmt, an mehreren Flügeln ernstlich studiert.

Junge Leute, die das Nothung-Motiv pfeifen und abends die Hintergründe des modernen Schauspielhauses füllen, wandern, literarische Zeitschriften in den Seitentaschen ihrer Jacketts, in der Universität und der Staatsbibliothek aus und ein. Vor der Akademie der bildenden Künste, die ihre weißen Arme zwischen der Türkenstraße und dem Siegestor ausbreitet, hält eine Hofkarosse. Und auf der Höhe der Rampe stehen, sitzen und lagern in farbigen Gruppen die Modelle, pittoreske Greise, Kinder und Frauen in der Tracht der Albaner Berge.

Lässigkeit und hastloses Schlendern in all den langen Straßenzügen des Nordens ... Man ist von Erwerbsgier nicht gerade gehetzt und verzehrt dortselbst, sondern lebt angenehmen Zwecken. Junge Künstler, runde Hütchen auf den Hinterköpfen, mit lockeren Krawatten und ohne Stock, unbesorgte Gesellen, die ihren Mietzins mit Farbenskizzen bezahlen, gehen spazieren, um diesen hellblauen Vormittag auf ihre Stimmung wirken zu lassen, und sehen den kleinen Mädchen nach, diesem hübschen, untersetzten Typus mit den brünetten Haarbandeaus, den etwas zu großen Füßen und den unbedenklichen Sitten … Jedes fünfte Haus läßt Atelierfensterscheiben in der Sonne blinken. Manchmal tritt ein Kunstbau aus der Reihe der bürgerlichen hervor, das Werk eines phantasievollen jungen Architekten, breit und flachbogig, mit bizarrer Ornamentik, voll Witz und Stil. Und plötzlich ist irgendwo die Tür an einer allzu langweiligen Fassade von einer kecken Improvisation umrahmt, von fließenden Linien und sonnigen Farben, Bacchanten, Nixen, rosigen Nacktheiten …«

Neben dem Dichterfürsten des deutschen Bürgertums, Paul Heyse, der die Winter jedoch am Gardasee verbrachte, war Ludwig Ganghofer einer der einflussreichsten Autoren der Jahrhundertwende in München. Er war zwar mit Heimatromanen erfolgreich und ein persönlicher Freund des Kaisers, inszenierte aber auf dem Theater auch Stücke der Moderne, gründete die Münchner literarische Gesellschaft und setzte sich für noch unbekannte Autoren wie Frank Wedekind und Rainer Maria Rilke ein. Überhaupt mehrten sich jetzt die Stimmen einer anderen Literatur, regionale Autoren wie Josef Ruederer, kritische Geister wie Ludwig Thoma, Neumünchner wie Max Halbe.

Albert Langen verlegte seinen Avantgarde-Verlag von Paris an die Isar, der bald schon mit S. Fischer in Berlin um die besten Autoren konkurrierte und die satirische Zeitschrift »Simplicissimus« publizierte. Zur gleichen Zeit gab Georg Hirth die kunstgewerblich orientierte »Jugend« heraus, die dem Jugendstil seinen Namen gab. Treffpunkte der literarischen Szene waren das Café Stephanie an der Ecke Theresienstraße und Amalienstraße, in dem sich Mühsam, Max Dauthendey, Max Halbe, Eduard von Keyserling trafen, und das Café Luitpold an der Briennerstraße, in dem die Redakteure des »Simplicissimus« verkehrten, der Kreis um Stefan George und Franziska zu Reventlow. Nach der Jahrhundertwende kamen andere Lokale hinzu, wie Kathi Kobus' »Simplicissimus«, in dem Vortragskünstler wie Joachim Ringelnatz und Karl Valentin auftraten, bildeten sich neue Künstlergruppen, etwa im Umfeld des Blauen Reiters um Wassily Kandinsky, Gabriele Münter und Franz Marc. Mit dem Ende der Prinzregentenzeit und dem Ausbruch des Ersten Weltkriegs im August 1914 endete Schwabing als geistige Lebensform. Thomas Mann hatte bereits 1895 geschrieben: »Freilich ist München immer interessant und man bekommt es so leicht nicht satt. Immer macht man neue Bekanntschaften, Schauspieler, Dichter, Maler – das reißt nicht ab; man kennt sich garnicht mehr aus. Immer ist etwas los; man kommt nicht zum ruhigen Atmen.«

Er war im Winter 1895 »infolge meiner Verbummelung« als Schriftsteller allerdings wenig produktiv, schrieb kleine Beiträge für die von seinem Bruder Heinrich redigierte nationalkonservative Zeitschrift »Das 20. Jahrhundert« und mehrere Novellen, darunter »Der Wille zum Glück«.

IN ITALIEN

Zwischen Juli und Oktober 1895 reiste Thomas Mann erstmals zu seinem Bruder nach Italien, nach Rom und dem nahen Bergstädtchen Palestrina, wo er sich im Gästebuch der Pension als »Poeta di Monaco« eintrug. Es war eine Wartestellung: »Ich lebte dort nicht um des Südens willen, den ich im Grunde nicht liebte, sondern einfach, weil zu Hause noch kein Platz für mich war.« Gemeinsam schrieben die Brüder der Mutter einen Geburtstagbrief nach Starnberg, wo sie mit den jüngeren Geschwistern und Münchner Künstlerfreunden die Sommerferien verbrachte. Thomas und Heinrich nahmen sich, finanziell unabhängig, die Freiheit, »abzuwarten«. Im Lebensabriss von 1930 heißt es: »Bei bescheidenen Ansprüchen konnten wir tun, was wir wollten, und das taten wir. Mein Bruder, der ursprünglich gern Maler hätte werden wollen, zeichnete damals viel. Ich verschlang, im Qualm unzähliger 3-Centesimi-Zigaretten, skandinavische und russische Literatur und schrieb.«

Im Januar 1896 bot er »Der Wille zum Glück« der Zeitschrift »Simplicissimus« an. Die Erzählung erschien zwischen Ende August und Anfang November 1896 in drei Folgen. Das Honorar holte Thomas Mann in der Redaktion ab, Kaulbachstraße 51, ausgezahlt vom Redakteur Jakob Wassermann, der selbst schon mit einem Roman hervorgetreten war: »Er händigte es mir wohlwollend ein: klingende Münze, Goldstücke.« Danach reiste Thomas Mann erneut nach Italien zu seinem Bruder, nicht ohne seinem Abgang eine dramatische Note zu verleihen: »Denn dies München –«, schrieb er an einen Freund, »habe ich es noch niemals gestanden? – wie herzlich bin ich seiner überdrüssig! Ist es nicht die unlitterarische Stadt par excellence?«

Zunächst verbrachte er allein drei Wochen in Venedig, reiste nach Neapel weiter, wo er ein teueres Zimmer bewohnte, mit Blick auf das Mittelmeer und den Vesuv. In Rom, dann erneut in Palestrina, blieb er bis April 1898, lebte von den monatlichen Zahlungen aus dem Erbe. Der kleine Hund Titino, den er in einem Heuhaufen gefunden hatte, begleitete ihn dort ständig, wurde später in München der Mutter und Viktor überlassen. Heinrich Mann schrieb in der Rückschau: »Wir beide jung, meistens auf Reisen, zusammen oder allein: an nichts gebunden.« Aus Italien schickte Thomas einige Erzählungen, unter anderem »Der kleine Herr Friedemann«, an den S. Fischer Verlag in Berlin, der ihn postwendend auch um einen Roman bat.

In Italien kam es auch zur einzigen Gemeinschaftsproduktion der Brüder: Zur Konfirmation der Schwester Carla am Palmsonntag 1897 fertigten sie das »Bilderbuch für artige Kinder« an, mit zahlreichen Gedichten und Zeichnungen, Karikaturen des Familienlebens und des Bürgertums etwa. Seit 1933 ist es verschollen. Viktor beschrieb es später in seinen Lebenserinnerungen.

Während Heinrich an seinem Roman »Im Schlaraffenland« arbeitete, den er im März 1900 am Gardasee beendete, schrieb Thomas gegen den Bruder an, versuchte den bereits als Schriftsteller Erfolgreichen nachzuahmen, zu übertrumpfen. In ihrer kühlen Wohnung, auf halber Höhe einer Treppengasse, begann er mit der großen Arbeit an einem Roman, dem

Heinrich und Thomas Mann, Fotografie um 1900, Atelier Elvira

die Geschichte seiner Eltern und Großeltern in Lübeck zugrunde lag, unterstützt durch Heinrichs Erinnerungen, später durch Erzählungen der Mutter und Schwestern. So entstand in wenigen Jahren, zwischen 1897 und 1900, »Buddenbrooks. Verfall einer Familie«.

SCHWABINGER VERSTECKE

Seine Mutter war mit den jüngeren Geschwistern mehrfach umgezogen, zunächst in die Gabelsberger Straße, dann in eine Pension an der Theresienstraße, zuletzt nach Schwabing in die Herzogstraße 3. Ende April 1898 kehrte Thomas aus Italien zurück und nahm sich Anfang Mai eine Wohnung in der Theresienstraße 82 bei der Witwe eines Milchhändlers. Ihren Namen übernahm er in das Manuskript der »Buddenbrooks«: Permaneder. Inzwischen war auch bei S. Fischer in Berlin unter dem Titel »Der kleine Herr Friedemann« eine Sammlung von sechs Novellen erschienen. Thomas ließ sich nach der Rückkehr ins bürgerliche Dasein beim Schneider neu einkleiden, freute sich über seine Bibliothek, seinen Flügel, einige Gemälde, seine Geige und seinen Hund. Es schlossen sich wenige Monate in einer ersten eigenen Wohnung in der Barerstraße 69 an. Dann folgte Thomas im Oktober 1898 seiner Mutter. Er bezog eine »Bohème-Wohnung« im Dachgeschoss der Marktstraße 5 in Altschwabing, »sodaß ich zu den Mahlzeiten nur einen kurzen Weg zurückzulegen habe«. Die Mutter setzte auch hier in ihrem Salon das gesellschaftliche Leben der Rambergstraße fort, schrieb selbst Märchen und kurze Erzählungen sowie ihre Kindheitserinnerungen an Brasilien und Lübeck, die erst 60 Jahre später unter dem Titel »Aus Dodos Kindheit« veröffentlicht wurden. Thomas lebte zurückgezogen in »seiner Dichterklause«, wie Viktor später schrieb, lackierte alte Korbstühle rot und bespannte die weißen Wände mit grünem Rupfen. Hier arbeitete er im Sommer und Herbst 1898 an »Buddenbrooks«. Im November erhielt er einen vakanten Redakteursposten im »Simplicissimus«, weil Frank Wedekind und der Titelzeichner Thomas Theodor Heine wegen Majestätsbeleidigung inhaftiert worden waren und der Verleger Albert Langen nach Paris geflohen war. Der eingesetzte Vertreter Korfiz Holm war mit Thomas Mann zur Schule gegangen und nahm ihn »von der Straße weg mit einem Monatsgehalt von hundert Mark« unter Vertrag, als Lektor und Korrektor. Dadurch erhielt er vielfältige Verbindungen in die literarische Szene. Daneben arbeitete er intensiv an »Buddenbrooks« und schrieb weitere Erzählungen. Eine Freundin der Schwester Julia berichtete von gelegentlichen feierlichen Lesungen aus dem Romanmanuskript: »Er kam dann und wann und las vor, was neu entstanden war. Er zog sich einen Frack an, es wurde ein Tischchen in den Vorplatz der Wohnung gestellt, ein großer Stuhl, zwei Kerzen, eine Kanne mit Wasser und ein Glas. Wir drei, Julia, Carla und ich, zogen uns wunderschön an, weiß oder himmelblau oder so. Dann saßen wir auf den Stühlen. Noch niemand war im Zimmer. Nur die Kerzen, die waren schon angezündet, in Erwartung auf den Dichter Thos. Thomas nannte sich selber Thos. Und dann kam er, ungeheuer vornehm und ernst, mit seinem Manuskript unter dem Arm. Dann wurden wir begrüßt und er setzte sich und fing an zu lesen.«

Im Juni 1899 bezog Thomas Mann eine andere kleine Junggesellenwohnung, an der Feilitzschstraße 5 (heute 32), »ein Armeleutehaus«, »ein dürftiges Stübchen«, wie Besucher urteilten, in der er sich allerdings wohl fühlte. Arthur Holitscher, ebenfalls Redakteur des »Simplicissimus«, beschrieb einen Abend dort: »Ein Pianino stand in dem Arbeitszimmer, auf dem Schreibtisch war ein mit dünnem Kranz geschmücktes Porträt Tolstois zu sehen, große, mit präziser steiler Schrift bedeckte Manuskriptblätter lagen, zu beträchtlicher Höhe getürmt, vor dem Bild. Es war das fast vollendete Manuskript der ›Buddenbrooks‹. Mann geigte vorzüglich und ich begleitete ihn, so gut ich konnte. Heute hatte er, ehe wir zu musizieren begannen, ein Kapitel aus dem Schlußteil des zweiten Bandes vorgelesen: die Szene beim Zahnarzt, und das, was dann folgte, der Tod des Vaters auf der Straße.« Er lebte jetzt zurückgezogen, hielt Distanz zur Boheme, gemäß der Devise »Genie ist Ausgeschlafenheit«, widmete alle Zeit dem Schreiben und der Lektüre: Turgenjew, Fontane, Hamsun etwa. Einzig dem Velociped, dem Fahrrad, gehörte seine Leidenschaft, die er mit zahlreichen Münchnern der Jahrhundertwende teilte. Selbst bei strömendem Regen legte er alle Wege mit dem Rad zurück, vormittags nach der Arbeit putzte er es in seiner Küche.

Am 6. September kam er auf einer Ferienreise nach Dänemark noch einmal durch Lübeck, wo man ihn mit einem gesuch-

Thomas Mann (l.) mit Paul Ehrenberg bei einer Radtour in München, Fotografie um 1900

ten Hochstapler verwechselte und beinahe verhaftete. Er nahm Eindrücke auf für seinen Roman, wanderte am Hafen entlang, durch die engen Gassen, bis zum Elternhaus in der Mengstraße, in dem sich nun die Volksbibliothek befand. In diese Zeit fiel »das Erlebnis Nietzsche's und Schopenhauers«, wie Thomas Mann später schrieb, ergänzt durch die Musik Richard Wagners. Das »Dreigestirn« seiner frühen Jahre bildete die philosophische und künstlerische Grundlage seines Denkens, wirkte in seinem späteren Leben und Werk fort.

Im Dezember 1899 lernte er den Dresdner Maler Paul Ehrenberg kennen, der an der Kunstakademie studierte. Bei geselligen Abenden im Salon der Mutter, auf Schwabinger Faschingsbällen, lesend und musizierend in der Dichterklause, auf gemeinsamen Ausstellungsbesuchen oder Fahrradtouren zum Starnberger See entwickelte sich eine enge, homoerotische Freundschaft, die Thomas Mann später als »zentrale Herzenserfahrung meiner 25er Jahre« bezeichnete. Ende Juli 1900 war der Roman endlich fertig. Am 13. August schickte er das Manuskript – mit 1000 Mark versichert – an Samuel Fischer in Berlin ab.

DIE GESCHWISTER UM 1900

Die Schwestern Julia und Carla sowie der Bruder Viktor lebten unterdessen noch immer bei der Mutter. Viktor besuchte die Volksschule in der Nähe, saß zwischen Arbeiter- und Handwerkerkindern, sprach ihren oberbayrischen Vorstadtjargon. In ihren engen Wohnungen, in Hütten und Mietskasernen lernte er eine andere als die hochherrschaftliche Welt seiner Herkunft kennen. Sonntags ging er mit seinem Bruder Thomas zum protestantischen Gottesdienst. Die inzwischen 18-jährige Carla hatte einige Zeit in Lausanne in einem vornehmen Pensionat für höhere Töchter verbracht, Julia war schon früher in Karlsruhe in einem ähnlichen Institut gewesen. Jetzt folgten Carla zahlreiche Verehrer. Sie las »Romane wie alle Backfische« und wollte Schauspielerin werden, von Heinrich unterstützt, während Viktor die Sprechübungen parodierte. Mit Thomas besuchte sie Aufführungen von Wagner-Opern. Seit Dezember 1899 nahm sie Schauspielunterricht, stand im folgenden Jahr zum ersten Mal auf der Bühne.

Die 23-jährige Julia heiratete am 9. Oktober 1900 den Direktor der Bayerischen Handelsbank, Dr. Josef Löhr. Er war 15 Jahre älter als sie, eine gute Partie, aber von Liebe war anscheinend nicht die Rede. Offenbar hatte er sogar eine Zeit lang zwischen Mutter und Tochter geschwankt. Die Feier fiel standesgemäß aus, »Senator Manns Tochter heiratet«, so erinnerte ihr Bruder Viktor sich später. Julias Brautkleid mit langer Schleppe, Blumen streuende Kinder, vor der Kirche zahlreiche Equipagen – Zweispänner mit Schimmeln – das Festessen im Hotel Vierjahreszeiten an der Maximilianstraße. Heinrich jedoch war nicht aus Italien gekomen. Die Hochzeitsreise führte in die Schweiz. Die Aussteuer, vom Lübecker Vermögensverwalter widerwillig ausgezahlt, betrug 25 000 Mark. Das Paar bezog eine Wohnung an der Prinzregentenstraße 22 mit Blick auf den Englischen Garten. Thomas Mann hat sie bis ins Detail in seinem späteren Roman »Doktor Faustus« geschildert, als Wohnung des Ehepaares Institoris.

Julia Löhr mit ihren drei Töchtern Eva Maria, Rosemarie und Ilsemarie, Fotografie um 1910

IM INFANTERIE-LEIBREGIMENT

Thomas Mann war wenige Tage zuvor zum Militärdienst als Einjährig-Freiwilliger im Infanterie-Leibregiment, der Gardetruppe der bayerischen Könige, in der sogenannten Türkenkaserne eingezogen worden. Der Dienst ließ ihm offensichtlich Zeit, weiter für den »Simplicissimus« zu arbeiten. Ludwig Thoma erinnerte sich später: »Hie und da kam ein junger Mann in der Uniform eines bayerischen Infanteristen, trug einen Stoß Manuskripte, die er für den Verlag geprüft hatte, bei sich und übergab der Redaktion ab und zu geschätzte Beiträge: Er war sehr zurückhaltend, sehr gemessen im Ton, und man erzählte von ihm, daß er an einem Roman arbeite.« Die Uniform gefiel der Familie. Viktor schilderte in seinen Lebenserinnerungen Thomas' ersten Besuch in der Herzogstraße im »Rock des Königs«, blaue Jacke mit rotem Kragen, silberne Gardelitzen, blanke Knöpfe. Die Mutter zeigte sich gerührt, die Schwestern waren aufgeregt. Thomas erklärte ihnen scherzhaft, wie der Soldat die Mütze korrekt aufsetzt. Doch die Ausbildung lag ihm nicht. »Geschrei, Zeitvergeudung und eiserne Schmuckheit quälten mich über die Maßen«, schrieb er später dazu. Deshalb ergriff er die erste Gelegenheit, sich dem Dienst zu entziehen. Nach einem anstrengenden Parademarsch war er im Garnisonslazarett gelandet, Diagnose: Sehnenscheidenentzündung im Fußgelenk. Dort erfuhr er endlich, dass Samuel Fischer bereit war, »Buddenbrooks« zu drucken, nach vehementer Gegenwehr auch ohne drastische Kürzungen. Mitte Dezember erklärte ihn der Oberstabsarzt für untauglich zum Infanteriedienst, nachdem Julia Manns Arzt, ein Hofrat, eingeschaltet worden war. Im Frühjahr schloss er endlich den Vertrag mit Samuel Fischer über »Buddenbrooks«, der ihm ein Autorenhonorar von 20 Prozent des Ladenpreises zusicherte.

Der Roman erschien Ende Oktober 1901. Die zweibändige Ausgabe war mit 12 Mark recht teuer, zu teuer für einen wenig bekannten Autor. Sie verkaufte sich schlecht, kam über die erste Auflage von 1000 Exemplaren nicht hinaus. Erst die einbändige Ausgabe auf dünnem Papier, die Fischer Ende 1902 für fünf Mark anbot, brachte neben dem literarischen auch den finanziellen Erfolg. Hatte Thomas Mann mit der ersten nur 2400 Mark verdient, so brachte ihm die Neuausgabe schon 13 000 Mark ein. Der Roman wurde sogar in einer New Yorker Zeitung nachgedruckt, und Rainer Maria Rilke meinte, den Namen des Verfassers müsse man sich »unbedingt« notieren. Bis zum Ende des Ersten Weltkriegs verkaufte sich »Buddenbrooks« 100 000-mal. 1930 lag die Auflage bei einer Million. Bis heute sind es mit Übersetzungen in mehr als 30 Sprachen weltweit rund neun Millionen Exemplare – eines der am besten verkauften deutschen Bücher aller Zeiten.

»Buddenbrooks. Verfall einer Familie«

Thomas Manns erster Roman entstand zwischen 1897 und 1900. Er erschien 1901 im Verlag S. Fischer in Berlin und handelt von vier Generationen einer Lübecker Kaufmannsfamilie zwischen 1835 und 1877. Während der Urgroßvater Johann Buddenbrook das ökonomisch erfolgreiche, selbstbewusste Bürgertum verkörpert, das seine humanistischen Werte noch aus der Aufklärung des 18. Jahrhunderts bezog, hat sich sein Sohn, Konsul Johann Buddenbrook, eine religiöse Strenge angeeignet, die bereits ein erstes Anzeichen des Niedergangs darstellt. Zudem erleidet er durch den Betrug seines Schwiegersohns erhebliche finanzielle Einbußen. Seine Kinder symbolisieren unterschiedliche Typen des Verfalls. Der Sohn Thomas, Erbe der väterlichen Getreidehandlung, der es bis zum Senator bringt und ein neues, repräsentatives Haus errichten lässt, ist bereits ein »komplizierter Bürger«, wie der Autor später schrieb, der für seine traditionelle Umgebung befremdliche Nerven zeige. Sein Kaufmannsdasein wird ihm immer mehr zur Last. Sein neurotischer Bruder Christian führt ein arbeitsscheues Bohemeleben, die naive Tochter Tony kehrt nach zwei gescheiterten Ehen – die erste mit einem Münchner Hopfenhändler – ins Elternhaus zurück, die zweite Tochter Clara stirbt kurz nach ihrer Hochzeit. Thomas' holländische Frau, fremd und exotisch, neigt der Musik zu. Der gemeinsame Sohn Hanno, künstlerisch begabt, aber lebensuntüchtig, stellt die letzte Stufe des Verfalls dar. Er geht an Typhus zugrunde. Sein Vater schließlich stirbt nach einer Zahnoperation auf der Straße. Mit dem Untergang der Familie Buddenbrook geht der Aufstieg der Familie Hagenström einher, Vertreter der neureichen Bourgeoisie. Auch wenn Thomas Mann unverkennbar Elemente seiner eigenen Familiengeschichte, reale Personen und Ereignisse seiner Lübecker Heimatstadt in den Roman integrierte, so entstand doch ein eigenständiges, von den historischen und autobiografischen Fakten unabhängiges literarisches Werk, das von »einer weit größeren kulturell-sozialgeschichtlichen Zäsur« künden sollte, wie der Autor 1950 in dem Vortrag »Meine Zeit« äußerte.

Das „Buddenbrook-Haus" in der Lübecker Mengstraße 4, Fotografie um 1870

4 Die Familiengründung und das neue Haus im Herzogpark

»DIE MÄRCHENBRAUT«

Anfang Februar 1904 beobachtete Thomas Mann in der Trambahn an der Ecke Amalienstraße und Schellingstraße eine 19-jährige Studentin, die mit dem Kontrolleur in einen heftigen Wortwechsel geriet: Katharina Pringsheim, genannt Katia, wie ihre Mutter Hedwig eine bekannte Münchner Schönheit. Als sie gerade aussteigen wollte, verlangte der Schaffner die Fahrkarte zu sehen. »›Ich steig hier grad aus.‹ – ›Ihr Billet muß i ham!‹ – ›Ich sag Ihnen doch, daß ich aussteige: Ich hab's eben weggeworfen, weil ich hier aussteige.‹ – ›Ich muß das Billet –. Ihr Billet, hab' ich gesagt!‹ – ›Jetzt lassen Sie mich schon in Ruh!‹« Sie sprang ab und lief davon. Der Kontrolleur rief ihr nach: »Mach daß d'weiterkimmst, du Furie!« – Diese Szene entzückte Thomas Mann so, dass er sie unbedingt kennenlernen wollte, wie Katia Mann später in ihren »Ungeschriebenen Memoiren« berichtet.

Palais Pringsheim, Arcisstraße. Wenige Tage nach der Szene auf der Straßenbahn wurde Katia von ihrer Mutter an den Teetisch gerufen. Ein junger Mann war anwesend, gut gekleidet, mit dickem Schnurrbart. Etwas steif hielt er sich, und er sprach Hochdeutsch. Ein Schriftsteller, ein erfolgreicher, »Buddenbrooks« sei von ihm, ein Buch, das sie gelesen hatte. Er machte seinen Antrittsbesuch. Das war im Hause Pringsheim, das zu den ersten Adressen der Stadt gehörte, nichts Besonderes. Ihr Vater Alfred Pringsheim, Mathematik-

Das Palais Pringsheim an der Arcisstraße 12, Fotografie von 1894

professor an der Universität, millionenschwerer Erbe eines jüdischen Eisenbahnunternehmers in Schlesien, Wagnerianer der ersten Stunde und berühmter Kunstsammler, gab in seinem Neorenaissancepalast häufig Gesellschaften.

Er versammelte Kollegen, Studenten, Künstler, Berühmtheiten wie den päpstlichen Nuntius, die Komponisten Richard Strauss und Max von Schillings, Franz von Lenbach, der Katia als 15-Jährige porträtiert hatte, Friedrich August von Kaulbach, Franz von Stuck, Paul Heyse, Max Halbe, Franziska zu Reventlow, Maximilian Harden. In seinem Renaissancesaal standen zwei Konzertflügel, auf denen er mit Freunden musizierte, mit Vorliebe Auszüge aus Wagner-Opern, die der Ordinarius selbst gesetzt hatte. Er war dem Meister in Bayreuth noch persönlich begegnet.

Die Familien Pringsheim und Dohm

Alfred Pringsheim entstammte einer weitverzweigten jüdischen Familie aus Schlesien, die zahlreiche Unternehmer, Wissenschaftler und Gelehrte hervorgebracht hatte. Sein Großvater war Kaufmann in Ohlau gewesen. Sein Vater Rudolf (1821–1901) hatte als Fuhrunternehmer in Gleiwitz begonnen, Kohle und Erz aus den Bergwerken zu Eisenbahnstationen transportiert. Er brachte es binnen weniger Jahre zum Kohlengrubenbesitzer und Eisenbahnunternehmer, organisierte den gesamten oberschlesischen Güter- und Personenverkehr auf der Schiene, blieb auch als Treuhänder im Amt, als der preußische Staat die oberschlesische Bahn übernahm. Er verdiente ein Millionenvermögen, besaß ein prachtvolles Palais in der Berliner Wilhelmstraße und ein Rittergut. Rudolf Pringsheim war mit Paula Deutschmann verheiratet, einer jüdischen Bürgerstochter.

Alfred Pringsheim wurde 1850 geboren, absolvierte das Gymnasium in Breslau, studierte anschließend in Berlin und Heidelberg Mathematik. Er wurde 1872 promoviert, habilitierte sich fünf Jahre später an der Universität München, wo er seit 1886 als außerordentlicher, seit 1901 als ordentlicher Professor lehrte. Im Jahr der Habilitation verlobte er sich mit der Schauspielerin Hedwig Dohm (1831–1919). Sie war eines von fünf Kindern des Journalisten Ernst Dohm (1819–1883) und seiner Frau Hedwig, die seit Anfang der 1870er-Jahre publizistisch für die sich formierende bürgerliche Frauenbewegung eintrat. Mit ihren Schriften, u. a. »Die wissenschaftliche Emancipation der Frau« (1874) und »Der Frauen Natur und Recht« (1876), gehörte sie bald zu den führenden Frauenrechtlerinnen in Deutschland. Ihr Mann war ein bedeutender satirisch-politischer Publizist, Chefredakteur der Zeitschrift »Kladderadatsch«. Sein Vater war Kaufmann und Pfandleiher in Breslau gewesen. Die Eltern konvertierten 1827 zum evangelischen Glauben. Seine Frau Hedwig entstammte dem jüdischen Bürgertum Berlins, war die Tochter eines Tabakfabrikanten, der ebenfalls konvertiert war. Alfred Pringsheim sah seine spätere Frau Hedwig zuerst auf der Bühne. Sie gehörte als Schauspielerin den berühmten »Meiningern« an, einer Theatertruppe, die für die Entwicklung der Schauspielkunst im letzten Drittel des 19. Jahrhunderts von großer Bedeutung war. Die Hochzeit fand im Oktober 1878 in Berlin statt. Dann bezog das Ehepaar eine große Etagenwohnung in München. Das Palais in der Arcisstraße ließen sie 1889 bauen.

Dass Thomas Mann ihretwegen gekommen war, sie auf der Tram beobachtet hatte, erfuhr sie erst viel später, auch dass sie ihm schon lange vorher aufgefallen war, vermutlich seit dem Winter 1902/03, im Konzerthaus Kaimsaal am Anfang der Türkenstraße. Sie besuchte dort mit ihren vier Brüdern die Abonnementkonzerte. Einmal sprach sie huldvoll der Prinzregent an. Thomas Mann beobachtete sie durchs Opernglas, wie er ihr später schrieb: »Ich sehe Sie links vorne hereinkommen, mit Ihrer Mutter und Ihren Brüdern, sehe, wie Sie zu Ihrem Platze in einer der vorderen Stuhlreihen gehen, sehe den Silbershawl um Ihre Schultern, Ihr schwarzes Haar, die Perlenblässe Ihres Gesichtes darunter, Ihre Miene, mit der Sie verbergen wollen, daß Sie die Blicke der Leute auf sich fühlen.«

Katia Pringsheim als Studentin, Fotografie um 1905

Zum ersten Mal hatte er sie schon in Lübeck gesehen, ohne ihren Namen zu kennen, auf dem 1892 von Friedrich August von Kaulbach gemalten Bild »Kinderkarneval« neben ihren vier Brüdern im Pierrot-Kostüm. Das populäre, im Druck in ganz Europa verbreitete Gemälde hatte als Zeitungsausriss über dem Schreibtisch des Sekundaners gehangen. Im Palais Pringsheim sah er nun das Original.

Katia begrüßte Thomas Mann flüchtig und verließ dann den Salon. Sein erfolgreiches Buch, von dem alle sprachen, »Buddenbrooks«, hatte sie zwar gelesen, aber ihr Interesse an dem jungen Dichter war noch nicht entfacht. Verehrer hatte sie genug, respektable Akademiker, später auch der bekannte wie gefürchtete Literaturkritiker Alfred Kerr. Schließlich studierte sie nach bravourös bestandenem Abitur an der Münchner Universität Naturwissenschaften. Außergewöhnlich in einer Zeit, in der junge bürgerliche Frauen in der Regel keine höhere Schulbildung erhielten, die ersten Studentinnen in Bayern überhaupt erst seit 1903 zum regulären Studium zugelassen waren. Aber selbstverständlich für die Enkelin der Frauenrechtlerin Hedwig Dohm, die schon 1874 in einer epochalen Publikation die »wissenschaftliche Emancipation« der Frau gefordert hatte und später die Ziele der Frauenbewegung –

höhere Schulbildung, Berufsausbildung, Studium – in einer Romantrilogie popularisierte, die auch Personen und Ereignisse aus dem Münchner Umfeld der Familie Pringsheim schilderte.

Ihre Enkelin lebte die neuen Ideale nun vor, von den Eltern akzeptiert, ja gefördert, obwohl sich an deutschen Universitäten viele Professoren noch jahrzehntelang gegen die Studentinnen wehrten. Katia Pringsheim hörte bei ihrem Vater, wie sie später schrieb, »Mathematik, Infinitesimal-, Integral- und Differentialrechnung und Funktionstheorie«, bei dem Nobelpreisträger Wilhelm Conrad Röntgen Experimentalphysik. Der Vater wünschte sich anscheinend eine promovierte Tochter in seinen Fußstapfen. Sie selbst jedoch neigte anfangs mehr den schönen Künsten zu, wie die Belegblätter der Ludwig-Maximilians-Universität ausweisen. So hörte sie auch Vorlesungen zur Kunstgeschichte, Philosophie, Ästhetik, besuchte ein »Anfangskolleg Russisch«, eine Sprache, der sie sich auch in späteren Jahren noch widmete. Doch gerade im Wintersemester 1903/04 studierte Katia Pringsheim durchaus ernsthaft nur noch Mathematik und Physik.

Am Tag nach seinem Antrittsbesuch erschien Thomas Mann, der nach dem Erfolg von »Buddenbrooks« bereits in einigen anderen Münchner Salons verkehrte, auf dem Hausball im Renaissancesaal der Pringsheims, »eine glänzende und menschenreiche Veranstaltung, bei der ich vielleicht zum erstenmal die Sonne der öffentlichen Gunst und Achtung voll auf mir ruhen fühlte«. Hier lernte er nun Katia wirklich kennen, im goldenen Gazekleid und mit offenen Haaren, fasste bald danach den Entschluss, um sie zu werben. Damit entschied er sich gegen homoerotische Schwärmereien wie mit Paul Ehrenberg, für ein »geordnetes« Leben, verbunden mit einer der angesehensten und reichsten Familien Münchens.

Die kunstsinnigen Pringsheims erinnerten ihn an seine Lübecker Herkunft: »Das im Geiste kaufmännischer Kulturellegganz Vertraute fand ich hier ins Prunkhaft-Künstlerische und Literarische mondänisiert und vergeistigt.« Bereits eine gute Woche später war er erneut zu Gast in der Arcisstraße, trank Tee mit Katias Mutter. Die Tochter Ernst Dohms, der in Berlin Herausgeber der bedeutenden satirischen Zeitschrift »Kladderadatsch« gewesen war, nahm den jungen Dichter wesentlich früher als ihr Mann, der von Literatur wenig hielt, als Schwiegersohn in Aussicht. Es folgte drei Tage später ein Gegenbesuch von Katias Bruder in Vertretung des Vaters, dann Anfang März ein von Thomas Mann arrangiertes Wiedersehen mit der Auserwählten im Salon Elsa Bernsteins, der Frau eines bekannten Anwalts und selbst Schriftstellerin. Dort trafen sie in den folgenden Wochen noch öfter zusammen.

Aber Katia blieb skeptisch, war »nicht so sehr enthusiasmiert«, wie sie später schrieb. Sie war 20 Jahre alt, wollte nicht so früh heiraten, lieber studieren, das Leben genießen, liebte das Radfahren und Tennisspielen. Also ließ sie ihn zappeln wie die vorherigen Bewerber. Thomas hatte auch nicht erwartet, »daß Alles so glatt und nett verlaufen werde wie zwischen Assessor Müller und Käthchen Schulze«, wie er einem Freund schrieb. Der »leberleidende Rittmeister«, wie Katias Brüder den schmächtigen, bleichen Dichter bald nannten, verkehrte weiterhin bei ihren Eltern, stieg dort in der Gunst vom Teetisch zum Abendessen auf, unternahm auch mit Katia, die er bald beim Vornamen nannte, Radtouren in den Englischen Garten, legte insgesamt eine »unglaubliche Initiative an den Tag«, wie er dem Bruder am 27. März 1904 schrieb, »ach, das Leben! Das Leben!« Anfang April begann er, ihr Briefe zu schreiben. »Warten ist gräßlich«, heißt es dort, dann im Mai, dass er sich bewusst sei, »nicht der Mann zu sein, um einfache und unmittelbar sichere Gefühle zu erwecken«. »Wer einfach immer nur geliebt wird, ist ein Trottel.« Im Juni wünscht er sich: »Wären wir mehr allein!« und: »Seien Sie meine Bejahung, meine Rechtfertigung, meine Vollendung, meine Erlöserin, meine – Frau!« Aber Katia hielt ihn weiter hin, stellte ihm »Geduldsfristen«, so dass er mit einem Nervenarzt über ihre »Entschließungsangst« sprach. Im Juli reiste sie dann mit ihrem kranken Vater nach Kissingen, schließlich weiter an die Ostsee. »Mir ist zum Sterben. Es ist eine Trennung auf fast unabsehbare Zeit«, schrieb er an einen Freund und reiste, um sich abzulenken, in die Gegenrichtung nach Berchtesgaden, sah auf die verschneiten Gipfel des Watzmann, notierte: »Ich lebe ohne Weste und lese Rousseau.«

Thomas Mann und Katia Pringsheim wechselten in den folgenden Wochen zahlreiche Briefe. Die »Prinzessin«, wie er sie in einem Brief nannte, badete in Bansin, und der »Prinz« verbrachte den August mit seiner Mutter in Utting am Ammersee, wo er das Renaissancedrama »Fiorenza« um den Genussmenschen Lorenzo de' Medici und den Büßermönch Girolamo Savonarola beendete.

Sie sahen einander erst Ende des Monats in München wieder. In der Arcisstraße führte sie ihn mit Erlaubnis ihrer Mutter in ihr Arbeitszimmer, das er bis dahin noch nicht betreten hatte, um ihm »ihre Bücher zu zeigen«. Am 3. Oktober verlobten sie sich. Dem »Zwischenzustand« war ein Ende gemacht. Die Trauung fand am 11. Februar 1905 auf dem Standesamt am Marienplatz statt, danach gab es ein Festessen im engsten Familienkreis in der Arcisstraße. Eine kirchliche Feier war nicht vorgesehen. Mit Alfred Pringsheim blieb Thomas Mann zeitlebens beim distanzierten »Sie«. Heinrich, der in Florenz gerade eben eine Frau kennengelernt hatte, und Carla, die ein Engagement am Oberschlesischen Volkstheater in Königshütte bei Kattowitz hatte, kamen nicht zur Hochzeit.

»NICHTS GLEICHT MEINEM GLÜCKE«

Nach der Hochzeitsreise, die das Paar über Augsburg nach Zürich und Luzern geführt hatte, bezog man am 23. Februar 1905 eine Wohnung an der Schwabinger Franz-Joseph-Straße 2, dritter Stock. Alfred Pringsheim hatte sie nach seinem Geschmack mit Möbeln aus dem Antiquitätenhaus Bernheimer großzügig eingerichtet. Julia Mann schrieb an ihren Sohn Heinrich: »[...] es ist eine schöne große Wohnung mit – 2 Wasserclosets! – ist das nicht ideal? Tommys Arbeitszimmer – sehr groß, daran K.[atias] Zimmer, dann Speisezimmer, dann 2 Schlafzimmer, weißlackierte Meubles.« Im Salon stand ein Stutzflügel, auf dem Thomas Mann Melodien aus Wagners »Tristan« spielte. An den Wänden hingen Gemälde von Böcklin und Velasquez. Sogar Telefon war vorhanden. An den Freund Kurt Martens schrieb er am 14. März 1905: »Noch nicht vollständig eingerichtet, haben wir in unserer Wohnung doch schon so viel Behagen, daß ich wieder arbeite.«

In einem ersten Lebensabriss, »Im Spiegel«, schrieb Thomas Mann 1907 über den nun erreichten Stand mit selbstironischen Untertönen: »Glanz umgibt mich. Nichts gleicht meinem Glücke. Ich bin vermählt, ich habe eine außerordentlich schöne junge Frau – eine Prinzessin von einer Frau, wenn man mir glauben will, deren Vater königlicher Universitätsprofessor ist und die ihrerseits das Abiturientenexamen gemacht hat, ohne deshalb auf mich herabzusehen, sowie zwei blühende, zu den höchsten Hoffnungen berechtigende Kinder. Ich bin Herr einer großen Wohnung in feinster Lage mit elektrischem Licht und allem Komfort der Neuzeit, – ausgestattet mit den herrlichsten Möbeln, Teppichen und Kunstgemälden. Mein Hausstand ist reich bestellt, ich befehle drei stattlichen Dienstmädchen und einem schottischen Schäferhund, ich speise schon zum Morgentee Zuckerbrötchen und trage fast ausschließlich Lackstiefel.«

Aus dem jungen Boheme-Dichter der Schwabinger Verstecke war ein vornehmer Herr geworden, ein Bürger, gemäß seiner Lübecker Senatorenherkunft. Dabei blieb das Leben des jungen Paares in Teilen noch unbürgerlich. Seine Frau nämlich setzte ihr Studium auch in den folgenden Jahren fort. Bis zum Wintersemester 1907/08 besuchte Katia Mann Vorlesungen an der Münchner Universität, zunächst ausschließlich über mathematische Themen bei ihrem Vater. Im letzten Semester wechselte sie dann zur Philologie, beschäftigte sich mit Platon und Altertumswissenschaft, bevor sie, inzwischen längst Mutter zweier Kinder, das Studium aufgab.

WERKE, KINDER, REISEN, HÄUSER

In knapp sechs Jahren, die in der Wohnung an der Franz-Joseph-Straße folgten, schrieb Thomas Mann vor allem an dem »Versuch eines Lustspiels in Romanform«, wie es im »Lebenabriß« heißt, »Königliche Hoheit«, der im Oktober 1909 erschien und die Erlebnisse seines Werbens um Katia literarisch verarbeitete, transponiert in die aristokratische Sphäre eines fiktiven Großherzogtums. So studiert etwa die amerikanische Milliardärstochter Imma Spoelmann, um die der Prinz Klaus

Heinrich bald wirbt, Algebra, verhält sich seiner Werbung gegenüber zurückweisend und lässt ihn bei einem Ausritt hinter sich wie einst auf der Fahrradtour in den Englischen Garten Katia mit ihrem Cleveland-Fahrrad den jungen Dichter. Am Ende finden sie zu einem gemeinsamen Projekt, der Finanzwirtschaft und der Rettung des bankrotten Herzogtums, und heiraten. Neben diesem beinahe heiteren Werbungs- und Eheroman – nach dem düsteren Verfall der Familie »Buddenbrook« – beendete Thomas im Frühjahr 1905 seine berühmte Schiller-Erzählung »Schwere Stunde«, in der die Arbeit und das Leiden an dessen Hauptwerk »Wallenstein« gezeigt werden. Außerdem veröffentlichte er sein Renaissancedrama »Fiorenza«, das das Frankfurter Schauspielhaus im Mai 1907 uraufführte, im Sommer desselben Jahres. Für einen Skandal sorgte die Novelle »Wälsungenblut«, eine Art Wagnerparodie um die inzestuöse Beziehung des reichen jüdischen Zwillingspaares Siegmund und Sieglind in Berlin. Weil sich die Familie Pringsheim wegen der ähnlichen Herkunft Katias und ihres Zwillingsbruders Klaus sowie des geschilderten gesellschaftlichen Umfelds kompromittiert sah, musste Thomas Mann die bereits in den Druck gegebene, angeblich antisemitische Veröffentlichung im Januar 1906 zurückziehen. Sie erschien erst 1921.

Im Januar 1910 begann Thomas Mann noch in der alten Wohnung die Arbeit an einem neuen Roman, der erst 1954 unter dem Titel »Bekenntnisse des Hochstaplers Felix Krull« erschien. Dann erfolgte der Sprung über die Isar, der Umzug in den vornehmen Herzogpark. In der Mauerkircher Straße 13 bezog die Familie zwei nebeneinanderliegende Vierzimmerwohnungen. Über ihnen wohnte ein Komponist, Walter Courvoisier, dessen Werke sie entstehen hörten. Die Wohnung in der Franz-Joseph-Straße war nach der Geburt des vierten Kindes im Juni des Jahres, der Tochter Monika, zu klein geworden. Zur wachsenden Familie gehörten inzwischen auch die Kinder Erika Julia Hedwig (geb. 1905), Klaus Heinrich Thomas (1906) und Angelus Gottfried Thomas (1909), dem die junge Erika später den Namen Golo gab.

Die Eltern waren nach der Geburt der ersten Tochter zunächst unglücklich. Katia erinnerte sich später: »Es war also

Das Sommerhaus in Bad Tölz, Fotografie von 2013

ein Mädchen, Erika. Ich war sehr verärgert. Ich war immer verärgert, wenn ich ein Mädchen bekam.« Und Thomas Mann schrieb an seinen Bruder Heinrich: »Es ist also ein Mädchen: eine Enttäuschung für mich, wie ich unter uns zugeben will, denn ich hatte mir sehr einen Sohn gewünscht«. Sein Wunsch ging mit der Geburt des ersten Sohnes im folgenden Jahr in Erfüllung. Mit den Jahren entwickelte er dann ein besseres Verhältnis zu seinen Töchtern. Erika und Klaus besuchten seit 1912 das private Schulinstitut von Ernestine Ebermayer in Schwabing, »eine sehr feine, strenge und dabei etwas muffige Anstalt«, wie Klaus Mann später schrieb. Die jüngeren Geschwister standen unter der Obhut eines Kindermädchens, das neben zwei weiteren »Mädchen« in der Wohnung lebte.

Hier schrieb Thomas Mann auch die Novelle »Der Tod in Venedig« (1912), nach einer Italienreise im Sommer 1911, und an dem Roman »Der Zauberberg« (1924), nach einem Aufenthalt in Davos, wo sich seine Frau wegen des Verdachts auf Tuberkulose 1912 für einige Monate in einem Lungensanatorium aufhalten musste. Ihr Mann war oft unterwegs in diesen Jahren. Reisen führten ihn durch das gesamte Reich und ins benachbarte Ausland. In zahlreichen Städten wie Dresden, Berlin, Düsseldorf,

Heidelberg, Bremen, Leipzig, Brüssel, Basel, Wien und Budapest las er aus seinen Werken, traf bei der Gelegenheit Bekannte und Freunde wieder oder besuchte Theatervorstellungen. Schon in dem autobiografischen Bericht »Im Spiegel« schrieb er 1907: »Ich mache Triumphreisen. Ich besuche die Städte, eingeladen von schöngeistigen Gesellschaften, ich erscheine im Frack, und die Leute klatschen in die Hände, wenn ich nur auftrete.«

Ferienreisen führten immer wieder nach Italien, auch nach Zopott bei Danzig an der Ostsee, nach Oberammergau, wo Thomas Mann große Teile von »Königliche Hoheit« schrieb, und seit 1908 nach Bad Tölz. In dem oberbayerischen Kurort hatte der Dichter 1908 ein Grundstück gekauft und darauf ein repräsentatives Landhaus für seine Familie bauen lassen, das bis heute erhalten ist. In einer Zeitschrift hieß es: »Zehn Zimmer und zwei Mädchenzimmer, Bad, Waschküche und reichliche Nebenräume, Balkone und große Wohnveranda. [...] Dazu gehört ein über fünf Morgen großer Garten, Tennisplatz, Gartenhäuschen. Absolut ruhige, staubfreie Lage, Blick auf Gebirge und Isartal. Wald und Schwimmbad in nächster Nähe.«

Von Juli bis September 1909 wohnte die Familie erstmals in der Villa am Waldrand über der Altstadt. Klaus Mann hat es als »Paradies der Unschuld« in seinem Lebensbericht »Der Wendepunkt« beschrieben, dazu den Ort, die Umgebung, die Kinderspiele mit den Geschwistern: »Das Paradies hat den bittersüßen Duft von Tannen, Himbeeren und Kräutern, vermischt mit dem charakteristischen Aroma des Mooses, das von der Sonne durchwärmt ist, der großen mächtigen Sonne eines Sommertages in Tölz.« Auch hier hatte Thomas Mann ein Arbeitszimmer mit Bibliothek, hier spielte er aber auch Tennis mit Katia oder stieg mit den Kindern in die Berge hinauf.

»EINE KOMISCHE FAMILIE, KATJA'S NEUE FAMILIE«

Die Wege seiner Geschwister hatten sich seit Jahren getrennt. Nach Julias Hochzeit nahm die Mutter eine kleinere Wohnung am Nikolaiplatz 1. Ihren Salon als Treffpunkt der Familie gab es so nicht mehr. Carla trat wenige Tage nach ihrem 21. Geburtstag im Oktober 1902 ihr erstes Engagement als Schauspielerin an, in Zittau an der Görlitzer Neiße. Viktor, dessen Schullaufbahn schwierig war, wechselte 1903 im Alter von elf Jahren an ein Gymnasium in Augsburg, lebte dort in Pension. Seine Mutter hatte sich unterdessen in Polling ein Haus am Kirchplatz eingerichtet, mit »wenigen Möbeln, Büchern und Andenken«, wie Thomas Mann schrieb. Das Klosterdorf bei Weilheim, seit Jahren auch Malerkolonie, diente der »einst gefeierte[n] Gesellschaftsdame« als Rückzugsort.

Auch die älteren Brüder kamen gelegentlich nach Polling, zur Erholung oder zum Arbeiten. Heinrich etwa beendete dort seinen freizügigen München-Roman »Die Jagd nach Liebe« (1903), die tragische Liebesgeschichte einer jungen Schauspielerin, wobei er seine Schwester Carla vor Augen hatte. Thomas arbeitete dort später auch an »Königliche Hoheit«. Einige Schilderungen des Pollinger Lebens gingen in den Roman »Doktor Faustus« (1947) ein.

Als Viktors kurzes Zwischenspiel auf einem Münchner Gymnasium 1904 scheiterte, zog seine Mutter mit ihm für drei Jahre nach Augsburg. Die alte Einrichtung mit dem sibirischen Braunbären, den Lübecker Ahnenbildern und dem Flügel erinnerte an die Atmosphäre in der Rambergstraße. Auch für Carla gab es ein Zimmer, die zwischen ihren wechselnden Engagements immer wieder Wochen und Monate bei der Mutter verbrachte, mit Viktor gern promenierte, für das schwäbische Augsburg viel zu elegant gekleidet.

Während die Mutter in den Buchhandlungen energisch dafür sorgte, dass Heinrichs und Thomas' Bücher in den Auslagen gezeigt wurden – von den Inhabern unter Verbeugungen zur Tür geleitet –, brachte der steigende Ruhm seiner Brüder auch Viktor auf dem Realgymnasium Vorteile ein. Der Heranwachsende las selbst lange noch Karl May, eher er zu Heinrich Heine überging, dann bei den modernen Werken Frank Wedekinds landete und schließlich Heinrichs Roman »Jagd nach Liebe« nachts aus dem Bücherschrank der Mutter stahl. In den Ferien arbeitete er in Polling auf dem Schweighart-Hof, der auf einem Teil der Klosteranlage wirtschaftete, auf Acker und Wiese, im

Stall, mit Pferden. Die Familie Schweighart ging später unter dem Namen »Schweigestill« in den Roman »Dr. Faustus« ein.

Einmal reiste Viktor mit seiner Mutter und Carla auch in die Ferne, im Sommer 1906. In Cuxhaven an der Nordsee besuchten sie Friedrich Mann, genannt Friedel, den Bruder seines Vaters. Das schwarze Schaf der Familie und Vorbild für Christian Buddenbrook lebte dort zeitweise in einem Grand Hotel. Viktor erinnerte sich später: »Die lässig-elegante Art, in der er mit uns beim Tee saß und der schönen Nichte lustige Anekdoten sagte, – seine in englischem Tonfall vorgetragenen Erzählungen aus einem bewegten Leben und die Tatsache, daß er mich als erwachsen und als seinesgleichen behandelte, imponierten mir gewaltig.«

Thomas unterstützte den Schüler mit Skizzen für Deutschaufsätze, die allerdings immer nur für eine schlechte Zwei reichten. Am Tag seines Schulabschlusses 1907 lud ihn der berühmte Bruder zum Essen in die »Odeonbar« ein, Münchens elegantestes Restaurant: »Man zelebrierte im Scheine der Tischlämpchen winzige Tassen mit köstlicher Schildkrötensuppe, Artischocken zu Katjas Ehren und ein dickes, rosiges Entrecôte, das mein besonderer Wunsch gewesen war. Der Gurkensalat wurde vor meinen Augen durch Zugabe von Rahm und englischem Senf geadelt.« Dazu tranken sie Burgunderwein und Champagner, rauchten flache ägyptische Zigaretten, die Thomas aus Kairo bezog. Am Nachbartisch sah Viktor junge Herren mit Goldstücken bezahlen, die sie lose in der Hosentasche trugen. Den Rest der Nacht verbrachte er in Animierlokalen, bevor er morgens mit dem ersten Zug nach Polling fuhr, um seine landwirtschaftliche Lehre auf dem Schweighart-Hof zu beginnen. Er lernte Pflügen, Säen, Mähen, Miststreuen, Heuernte, Holzfällen im Winterwald. Abends saß er mit den Knechten, mit Handwerksgesellen und Arbeitern im Wirtshaus, »trank, sang und schuhplattelte mit ihnen«. Oder er las gemeinsam mit der Mutter Bücher, etwa Fritz Reuters niederdeutschen Roman über das Landleben »Ut mine stromtid«, wie Viktor später schrieb: »Ich lag dabei mit wunderbar arbeitsmüden Muskeln, aber noch aufnahmefähigem Kopf auf einem alten Lübecker Sofa und rauchte Serien von ›Sport‹, im Kachelofen krachten die großen Buchenscheiter, die kleinen Fenster waren vom Frost überzuckert, und es roch nach Bratäpfeln.«

Die Idylle wurde beendet, als er im zweiten Ausbildungsjahr an das Staatsgut Weihenstephan wechselte, ein unbehaglicher Großbetrieb mit Akademie, Brauerei, Brennerei, Wohnhäusern, Ställen und Scheunen, von wo er allerdings an Weihnachten auch »allen hübsche Spanferkel« mitbringen konnte.

Die Geschwister gingen nicht nur ihre eigenen Wege, es kam auch zu Verstimmungen. Nach Julias Hochzeit, die ihr die glänzende gesellschaftliche Position einer wohlhabenden Bankdirektorsgattin eingebracht hatte, verschlechterte sich insbesondere ihr Verhältnis zu Heinrich, dessen argentinische Verlobte Inès Schmied Julia und ihrem Ehemann nicht zusagte. Heinrich hingegen kritisierte die nunmehr ausgeprägte Bürgerlichkeit seiner Schwester, die offenbar auch schriftstellerisches Talent besessen hatte. Thomas und Katia hielten Kontakt, bei Besuchen und gemeinsamen Ausflügen in das Münchner Umland. Julia brachte drei Töchter zur Welt, Eva Maria (1901) sowie die Zwillinge Rosemarie und Ilsemarie (1907). Ihre Verbindung mit dem 15 Jahre älteren Josef Löhr hatte schon bei der Heirat als »Vernunftehe« gegolten und war alles andere als glücklich. Thomas Mann empfand seine Schwester als »erschöpft und gealtert«, als sie sich 1908 nach der Geburt der Zwillinge erholte, und machte ihr »mesquines Männchen« dafür verantwortlich. Julia unterhielt später Affären zu anderen Männern. Die Familie suchte die Schuld bei ihrem kühlen Ehemann. Allerdings nahm die depressive Julia auch Morphium und verlor immer mehr den Halt.

Carla hatte schon als Schülerin der Schauspielkunst und der Boheme zugeneigt, stand mit ihrem Bruder Heinrich gegen die konservativeren Geschwister Thomas und Julia. In der Spielzeit 1903/04 gelang ihr der Sprung aus der sächsischen Kleinstadt ans Theater in Düsseldorf, sie spielte Amalie in Schillers »Die Räuber« oder Luise in »Kabale und Liebe« vor 1000 Zuschauern, bevor ihre Engagements abnahmen. Sie unterhielt eine Beziehung zu dem kunstsinnigen Düsseldorfer Getreidekaufmann Alfred Flechtheim ein, der in den 20er-Jahren erfolgreicher Kunsthändler in Berlin wurde. Ihrem Bruder Heinrich berichtete sie davon in

Briefen, und der verarbeitete diese in seiner Novelle »Schauspielerin« (1905). Im Herbst 1904 ging sie für kurze Zeit ans Stadttheater Kassel, zog dann ins böhmische Reichenberg, weiter ins oberschlesische Königshütte, dann im folgenden Jahr nach Flensburg. Ein Gastspiel in Nürnberg als »französische Salondame« in Frank Wedekinds Drama »Totentanz« im Mai 1906 geriet zum Skandal. Hedwig Pringsheim, Thomas Manns Schwiegermutter, die mit ihren Söhnen eine Aufführung besuchte, schrieb darüber: »Dass ich in dem einen blonden Freudenmädchen, das im ›Totentanz‹ zum Schluss in schwarzseidenen Strümpfen und kurzem Hemdchen herausstürzt, Carla Mann, Tommy's jüngste Schwester, erkannte, war pikant. Eine komische Familie, Katja's neue Familie.«

Carla litt unter der anhaltenden Erfolglosigkeit als Schauspielerin, auch unter ihren wechselnden deprimierenden Liebesverhältnissen. Nach München kehrte sie nur selten zurück, etwa im Sommer 1905, besuchte dort Julia und Thomas. Zu Heinrich stand sie in engem Kontakt, verbrachte zumeist die Sommerferien mit ihm. Allerdings war auch dieses innige Verhältnis nicht frei von Spannungen. Thomas, der ihr das schauspielerische Talent absprach, urteilte später über sie: »Ein stolzer und spöttischer Charakter, entbürgerlicht, aber vornehm, liebte sie die Literatur, den Geist, die Kunst, und wurde durch eine unentwickelte, ihrer Stufe ungünstige Zeit ins unselig Bohemehafte gedrängt.«

Zur Mutter flüchtete sie sich im Sommer 1906 nach Augsburg, bevor sie für die Wintersaison am Stadttheater nach Göttingen engagiert war. Dort lernte sie den Kritiker Theodor Lessing kennen, der große Bedeutung für ihre weitere künstlerische Entwicklung gewann, später aber eine literarische Fehde mit ihrem Bruder Thomas begann. In Mühlhausen spielte sie ab der Wintersaison 1907/08. Dort begegnete sie einem elsässischen Industriellensohn, mit dem sie sich hoffnungsfroh verlobte, bevor sie seine homophilen Neigungen erkannte. Ihr Beruf hatte sie zu langweilen begonnen, und sie erhoffte sich einen gelungenen Abgang ins bürgerliche Dasein als Unternehmersgattin. Aber beide Familien waren gegen die Heirat, Carla verweigerte man die Auszahlung ihres Erbteils als Mitgift. Außerdem tauchten Gerüchte über ein Verhältnis Carlas zu einem Arzt auf.

Carla Mann, Fotografie um 1903

Am 30. Juli 1910 vergiftete sich die 28-Jährige im Haus ihrer Mutter in Polling mit Zyankali, ein qualvoller Tod. Thomas Mann berichtete später: »[...] der Bräutigam hatte sich eingefunden, von einer Unterredung mit ihm kommend, eilt die Unglückliche lächelnd an ihr [ihrer Mutter] vorbei in ihr Zimmer, schließt sich ein, und das letzte, was von ihr laut wird, ist das

Wassergurgeln, womit sie die Verätzungen in ihrem Schlunde zu kühlen sucht. Sie hatte danach noch Zeit gehabt, sich auf die Chaiselongue zu betten. Dunkle Flecken an den Händen und im Gesicht zeugten von dem Erstickungstode, der, nach einem kurzen Zögern der Wirkung, jäh gewesen sein mochte.«

Heinrich Mann erhielt die Nachricht in Südtirol: »Gegen Mittag erging ich mich in einem kahlen Garten, dem einzigen auf diesem Südtiroler Berg. Es war still, da wurde ich gerufen: ich meinte, aus dem Haus. Ich war so wenig vorbereitet, daß mir im ersten Augenblick nicht einfiel: hier ruft niemand mich bei meinem Vornamen. Später am Tage kam das Telegramm mit der Nachricht.« Viktor, der in München seinen Militärdienst in einem Feldartillerie-Regiment ableistete, verbrachte diesen Samstagabend in einem Theater, das Telegramm fand er danach auf seiner Stube vor, nahm noch in der Nacht eine Autodroschke nach Polling. Thomas, mit seiner Familie in Bad Tölz in der Sommerfrische, erfuhr es durch einen Telefonanruf der erschütterten Mutter. Am folgenden Tag traf er ein. Ihm erschien Carlas Freitod noch 20 Jahre später »wie ein Verrat an unserer geschwisterlichen Gemeinschaft«. Julia beneidete die Schwester anscheinend um ihren frühen Tod. Sie kam erst zum Begräbnis auf dem Münchner Waldfriedhof, für das Thomas gesorgt hatte. Carlas Mutter flüsterte am offenen Grab: »Ich werde bald bei dir liegen, mein liebes Kind.« Sie überwand die Trauer nie, lebte in den folgenden Jahren in wechselnden Pensionen und möblierten Zimmern in München, bis sie 1913 mit den alten Möbeln nach Polling zurückkehrte und sich bei einer Lehrerwitwe einmietete. Heinrich, geplagt von Schuldgefühlen, verarbeitete seine Emotionen in dem Drama »Die Schauspielerin« (1911). Noch im August hatte ihn Thomas unter dem Eindruck von Carlas Tod gebeten, es nicht zum drohenden Bruch mit der Schwester Julia kommen zu lassen – vergebens. Heinrich kam nur selten nach München, wohnte dann in einer Pension an der Türkenstraße. Einmal traf Viktor ihn zufällig im Varieté.

Dieser entwickelte sich unterdessen in eine andere Richtung als seine Geschwister. Er versah weiterhin seinen Dienst bei der berittenen Artillerie. Bei Ausgang sprach er »im bunten Rock«

bei den Geschwistern vor, vom Schwager Löhr am Habsburger Platz mit besten Zigarren und edlem Wein bewirtet, von Thomas und Katia mit gutem Essen. Seit dem Wintersemester 1910/11 studierte Viktor Landwirtschaft, zunächst an der landwirtschaftlichen Akademie in Weihenstephan, dann an der Technischen Hochschule in München, trat einer Studentenverbindung bei, übte sich im Fechten mit scharfem Säbel, verbarg seine Blessuren unter dicken Kopfverbänden, traf sich mit Korpsbrüdern zu feuchtfröhlichen Kneipabenden. Er wohnte jetzt bei einer Militärtrompeterswitwe, die ihm den Kaffee aufs Zimmer brachte. Die Semesterferien verbrachte er in Polling und an der mecklenburgischen Ostsee, als Reserveoffiziersanwärter bei Übungen und bald auch als Volontär in der Bank seines Schwagers Löhr. Die unruhigen Zeiten ließen den Kauf eines landwirtschaftlichen Gutes nicht sinnvoll erscheinen. Der Kaufmannssohn hatte nach einem Ausweg gesucht und ihn in der Tätigkeit eines Sachverständigen für Agrarkredite gefunden. So ging der Student statt auf den Fechtboden nun ins Geschäftsviertel, mit der Aktenmappe unter dem Arm, prüfte bald die Kreditwürdigkeit von Bauernhöfen im Schwäbischen, am Main oder in den Vorbergen des Karwendel.

Inzwischen wohnte Thomas Mann mit seiner Familie in einer herrschaftlichen Villa im Herzogpark rechts der Isar, einem weitläufigen Gelände, das einst dem Herzog Max in Bayern gehört hatte und auf dem seit Anfang des Jahrhunderts ein vornehmes Wohngebiet entstanden war. Das mehr als 1500 Quadratmeter große Grundstück kaufte er im Februar 1913 und beauftragte die österreichischen Architekten Alois und Gustav Ludwig mit dem Entwurf, die bisher vor allem im Rheinland und in Wien Geschäftshäuser und Villen entworfen hatten und in Südtirol eine Filiale unterhielten. Der Einzug fand Anfang Januar 1914 statt, allerdings ohne Katia, die sich zu dieser Zeit wegen ihres Lungenleidens in Arosa zur Kur aufhielt. Das Haus hatte eine Grundfläche von 230 Quadratmetern, Keller-, Erd-, Ober- und Dachgeschoss. An der Poschinger Straße 1 wohnte die Familie bis zur Emigration 1933, für Thomas Mann bedeutete das mehr als die Hälfte seiner Zeit in München.

»Der Tod in Venedig«

Die Novelle entstand 1911, nach einer Venedigreise der Familie Mann. Sie handelt von dem alternden, berühmten Schriftsteller Gustav von Aschenbach, den eine Erholungsreise von München nach Venedig führt. Dort beobachtet er den schönen Knaben Tadzio, einen 14-jährigen Polen, der im selben Hotel wohnt, und verliebt sich in ihn. Auch wenn er Distanz wahrt, so treibt ihn der Rausch der Gefühle in die Entwürdigung. Er folgt dem Knaben, lässt sich die Haare färben, sich schminken, um sich zu verjüngen. Als in der Lagunenstadt die Cholera ausbricht, reist er nicht ab, weil er in der Nähe des Knaben bleiben will. Er stirbt selbst an der Seuche, während er den Knaben ein letztes Mal am Strand beobachtet.

Thomas Mann griff wie in früheren Werken – etwa »Tonio Kröger« (1903) oder »Schwere Stunde« – erneut die Künstlerproblematik auf, das Schicksal des berühmten, aber einsamen Dichters, der im Überschwang der Emotionen zugrunde geht, ergänzt durch die Verbindung des Liebesthemas mit Todessymbolik. Die Novelle gilt als Höhepunkt der Décadence-Literatur der Jahrhundertwende. Am 4. Juli 1920 schrieb Thomas Mann in einem Brief an den Schriftsteller Carl Maria Weber über die Entstehungsgeschichte: »Leidenschaft als Verwirrung und Entwürdigung war eigentlich der Gegenstand meiner Fabel, – was ich ursprünglich erzählen wollte, war überhaupt nichts Homo-Erotisches, es war die – grotesk gesehene – Geschichte des Greises Goethe zu jenem kleinen Mädchen in Marienbad, das er mit Zustimmung der streberisch-kupplerischen Mama und gegen das Entsetzen seiner eigenen Familie partout heiraten wollte, diese Geschichte mit allen ihren schauerlich komischen, zu ehrfürchtigem Gelächter stimmenden Situationen.« Das Werk erschien im Oktober 1912 in der »Neuen Rundschau«. Der italienische Regisseur Luchino Visconti verfilmte die Novelle 1971 mit Dirk Bogarde in der Hauptrolle.

Poschinger Straße 1, Südansicht, Fotografie aus den 1920er-Jahren

Im warmen Sommer 1914 aber überschlugen sich die Ereignisse. Thomas Mann war mit seiner Familie in Bad Tölz, Josef und Julia Löhr hielten sich ebenfalls dort auf. Die Kinder spielten zu siebt, bildeten, wie sich Klaus später erinnerte, eine »unternehmungslustige kleine Gesellschaft«. Heinrich beendete in diesen Wochen das letzte Kapitel seines gesellschaftskritischen Romans »Der Untertan« (1918), dessen Vorabdruck in einer Zeitschrift allerdings aus »patriotischen« Gründen unterbunden wurde. Viktor stand mitten im Examen. Die Nachricht von der Ermordung des österreichischen Thronfolgers in Sarajewo alarmierte alle. Viktor heiratete einen Tag nach der Mobilmachung seine Verlobte Magdalena Kilian, die 19-jährige Schwester eines Korpsbruders, in einer schlichten Kriegstrauung. Dann eilte der Reserveoffizier zu den Fahnen. Thomas, ernst, aber beeindruckt von der allgemeinen Kriegsbegeisterung, kam noch rechtzeitig zum improvisierten Hochzeitsessen. Heinrich traf erst am Tag danach ein; er dachte ganz anders als seine Brüder, war voller Trauer und schlimmer Ahnungen über das Kommende.

5 Der Erste Weltkrieg

BRUDERZWIST

Der Krieg machte sich zunächst wenig bemerkbar im Herzogpark, nachdem Thomas Mann bei der Musterung im August an einen schöngeistigen Stabsarzt geraten war, einen Leser seiner Bücher, der ihm die Hand auf die Schulter legte und mit den Worten ausmusterte: »Sie sollen Ihre Ruhe haben.«

Thomas Mann teilte die »Ideen von 1914«, den Patriotismus, die Begeisterung. Ausgerechnet seinem pazifistisch gesinnten Bruder gegenüber sprach er in einem Brief vom 18. September 1914 von einem »großen, grundanständigen, ja feierlichen Volkskrieg«, rühmte die Anfangserfolge der deutschen Truppen im Westen. In diesen Tagen beendete er seine Propagandaschrift »Gedanken zum Kriege«, die im November in der »Neuen Rundschau« erschien und wie die Expressionisten von »Reinigung«, ja »Befreiung« sprach. Er begründete die Notwendigkeit des Krieges kulturphilosophisch, als Kampf der deutschen »Kultur« gegen die flache »Zivilisation« des Westens.

> **Die »Ideen von 1914«**
> Der Kriegsausbruch führte in Deutschland zu einer Fülle von Reden, Artikeln und Büchern, die sich mit den Ursachen und Folgen der Kämpfe auseinandersetzten. Dabei vertrat die Mehrheit der intellektuellen Eliten – Ökonomen, Historiker, Philosophen, Schriftsteller – die national-romantische Ideologie von der deutschen Sendung, den Eigenheiten des »deutschen Wesens«, der Überlegenheit der deutschen »Kultur« über die westliche »Zivilisation«. Diese »Ideen von 1914« – den Begriff prägte ein Buch des schwedischen Staatsrechtslehrers Rudolf Kjellén – richteten sich gegen die Errungenschaften der Französischen Revolution, die »Ideen von 1789«, die man mit dem Sieg über die Feinde ebenfalls niederzuringen hoffte. Bekämpft wurden englischer Liberalismus und französische Demokratie. Den Händlern und Bürgern, der Gesellschaft wurde die Gemeinschaft, die

> »Kultur der Seele« gegenübergestellt, die nur der starke Staat beschützen könne, mit Ordnung und Disziplin. Thomas Mann brachte diese Haltung wenige Jahre später in den »Betrachtungen eines Unpolitischen«, die Teil dieser philosophischen Weltkriegsideen waren, auf die berühmt gewordene Formel von der »machtgeschützte[n] Innerlichkeit«. Neben Thomas Mann stellten sich zahlreiche namhafte Intellektuelle wie Ernst Troeltsch, Werner Sombart, Georg Simmel oder Schriftsteller wie Gerhart Hauptmann, Rainer Maria Rilke und Richard Dehmel in den Dienst der nationalistischen Ideen, die auch in der Weimarer Republik weiterlebten.

Heinrich musste sich persönlich getroffen fühlen. Schon Anfang August hatte Thomas aus Bad Tölz seine Zusage zurückgezogen, als Trauzeuge zur Hochzeit des älteren Bruders mit der tschechischen Schauspielerin Maria Kanová in München zu erscheinen, wohl wegen der kriegsbedingt schlechten Bahnverbindung. Im September forderte er von Heinrich ein Darlehn in Höhe von 2000 Mark zurück. Dann brach ein seit Langem schwelender Konflikt zwischen den ungleichen Brüdern auf: die Rivalität seit dem gemeinsamen frühen Rom-Aufenthalt, die Gegensätzlichkeit des Bürgers und des Bohemien, die Kontroverse zwischen dem patriotischen Schriftsteller und dem engagierten frankophilen Literaten. Im Herbst 1914 eskalierte in Heinrichs Wohnung an der Leopoldstraße der Streit, wie Agnes Speyer-Ulmann, Schwägerin des Romanautors Jakob Wassermann, überliefert: »Erregteste politische Diskussionen. Kriegsauseinandersetzung. Heinrich pro-französisch, mein Mann und Thomas prodeutsch. Heftigste Bekämpfung der Meinungen – schließlich: Bruch mit seinem Bruder.« Der »Soldat des Geistes« und der Pazifist sprachen von diesem Tag an kein Wort mehr miteinander, gingen auf der Straße grußlos aneinander vorbei.

DES SCHRIFTSTELLERS TAGESABLAUF

Das Leben im neuen komfortablen Haus an der Poschinger Straße 1, von Thomas Mann »Familienhaus«, von den Kindern bald »die Poschi« genannt, verlief in den ersten Kriegsjahren weiterhin in geordneten Bahnen. In der Diele auf dem Treppenabsatz wachte nun der ausgestopfte Braunbär, der einst in der Rambergstraße gestanden hatte.

Das Zentrum des Hauses bildete das Arbeitszimmer des Schriftstellers im Erdgeschoss, mit halbrundem Erker und Stufen zum Garten. Eine Tür führte hinüber ins Esszimmer. Im ersten Stock darüber befand sich Katias Schlafzimmer, in dem sie auch die handgeschriebenen Manuskripte ihres Mannes mit der Schreibmaschine abschrieb. Daneben lag sein Schlafzimmer, dahinter Monikas Kinderzimmer und der Raum des Kindermädchens. Im Dachgeschoss wohnten die größeren Kinder Erika, Klaus und Golo. Im Keller lagen Küche, Waschküche und zwei Zimmer für Hausmädchen und Diener. Unter der großen Terrasse befand sich die Garage für die Automobile, von denen die Familie später mehrere besaß.

Thomas Manns Tagesablauf war streng geregelt, blieb in seiner Struktur über Jahre und Jahrzehnte im Wesentlichen unverändert. Auf Ordnung und Disziplin wurde Wert gelegt, ja, sie waren selbstverständlich. Dem hatten sich alle Hausbewohner unterzuordnen.

Einiges davon ist literarisch verwandelt in die Novellen »Unordnung und frühes Leid« (1926), »Herr und Hund« (1919) und das Hexametergedicht »Gesang vom Kindchen« (1919) eingegangen. Thomas Mann stand um acht Uhr auf, trank mit seiner Frau Kaffee, badete und zog sich an, zumeist die graue »Dienstjacke«, die er im Haus trug. Während die Kinder auf der oberen Diele frühstückten, nahm »Pielein«, wie sie ihn nannten, um halb neun mit seiner Frau, genannt »Mielein«, im Esszimmer im Erdgeschoss eine Mahlzeit ein. Zuweilen ging er schon vor dem Frühstück spazieren. »Fleißige Arbeit soll er nie vernachlässigen«, hatte sein Vater in seinem Testament über den zweitältesten Sohn geschrieben, und ihm im Gegensatz zu Heinrich einen »praktischen Beruf« zugetraut. Der Sohn erwies sich dessen würdig und ging jeden Morgen um neun Uhr in sein »Kontor«, wo er die Tür energisch hinter sich schloss, auf eine spezielle Weise. Jetzt schrieb der Dichter bis zwölf

Uhr an dem gerade anstehenden »Werk«. In diesen drei Stunden durfte er keinesfalls gestört werden, weder von Katia und den Kindern noch von Besuchern. Lärm wurde nicht geduldet. Um zwölf Uhr, manchmal auch um halb eins, hatte er etwa ein bis eineinhalb Seiten geschrieben. Einer Zeitschrift gab er in den 20er-Jahren detailliert Auskunft über seine Arbeitsweise: »Ich brauche weißes, vollkommen glattes Papier, flüssige Tinte und eine neue, leichtgleitende Feder. Äußere Hemmungen rufen innere hervor. Damit es kein Durcheinander gibt, lege ich ein Linienblatt unter. Ich muß auf Klarheit halten, da ich nur Zeitungsaufsätze abschreiben lasse und gerade die großen Manuskripte im Original, als erste und einzige Niederschrift, in Druck gebe.« Später beobachtete der Schriftsteller Erich Ebermayer: »Auf jeder Seite gleich viele Zeilen und auf jeder Zeile wohl auch gleich viele Worte. Er erklärte mir, das habe den Vorzug, daß jede geschriebene Seite genau einer Druckseite entspreche, er also in jedem Stadium der Arbeit immer genau feststellen könne, wieviel Druckseiten bisher das künftige Buch, der Aufsatz oder der Vortrag habe.«

Nach dem Schreiben rasierte er sich und ging mit dem Hund – zunächst der Collie Motz, ab 1916 dann Bauschan, literarisch verewigt in »Herr und Hund« – etwa eine Stunde spazieren, zumeist den Weg an der Isar entlang bis zum Fährhaus oder zur Föhringer Brücke. Dabei überdachte er das Geschriebene, bereitete das Kommende in Gedanken vor. Zum Mittagessen um halb zwei war er wieder zurück. Gelegentlich traf er die aus der Privatschule Ebermayer heimkehrenden Kinder, zumeist in einer Gruppe von Herzogparkkindern, die Töchter des Dirigenten Bruno Walter, der Sohn des Architekten Ludwig, die Söhne und Töchter eines Generals und Ricki Hallgarten, der Sohn eines Germanisten und einer Frauenrechtlerin.

Thomas Mann aß gern Suppen und Nachspeisen, trank abends ein Glas Bier, jedoch nie bei der Arbeit. Er rauchte zwei Zigarren am Tag und selten mehr als zwölf ägyptische Zigaretten. Nach dem Essen zog sich das Ehepaar ins Arbeitszimmer zurück und trank ein Glas Wein. Dann las

Thomas Mann am Schreibtisch, Fotografie um 1914

Thomas Mann im Sofa sitzend allein etwa eine Stunde lang Zeitungen, Zeitschriften, Bücher und machte Notizen. Gegen vier Uhr folgte eine Stunde Schlaf, dann trank er Tee, mit zwei Stück Zucker und etwas Zitrone, dazu Sandwich und Englischen Kuchen. Daran schlossen sich bis zum Abendessen die »Forderungen des Tages« an: Korrespondenz, Korrektur der Druckfahnen, kleinere Arbeiten für Zeitungen. Auch Besucher waren zugelassen und Telefonanrufe. Das Abendessen begann gegen halb acht, zuweilen mit Gästen. Die Kinder aßen auf der Diele oder im ersten Stock mit dem Kindermädchen. Vorher stand manchmal noch ein zweiter Spaziergang an, danach Lektüre oder zur Entspannung Musik vom Grammophon, Wagner, Tschaikowsky, Beethoven, Mozart, Brahms ... Er phantasierte gelegentlich auf dem Bechsteinflügel, zumeist aus Wagners »Tristan«. Den Kindern pfiff er Lieder vor, ein begabter Kunstpfeifer. Geige hingegen spielte er nur noch selten, etwa gelegentlich mit dem George-Schüler und Germanisten Ernst Bertram, mit dem er sich in diesen Jahren befreundete, eine Beethoven-Sonate. Gegen Mitternacht zog er sich mit einem Buch zurück und las vor dem Schlafen noch einige Seiten.

Ab und an begab man sich in die Stadt, etwa jeden Sonntag zu Fuß zum Mittagessen in der Arcisstraße bei den Schwiegereltern Pringsheim, zu »Ofey« und »Offi«, wie die Kinder sagten. Das große Haus erschien ihnen unheimlich, »alt und verbraucht, mit längst unbewohnten Zimmern, schweren samtenen Portieren, dunkeln Winkeln und Stufen«, schrieb Golo später. Oder per Straßenbahn in die Stadtmitte zu Besorgungen, etwa englische Schreibfedern, Kleidung, Arzt- und Friseurbesuche, im Sommer in weißer Hose oder im seidenen Anzug, im Winter mit Paletot, einem doppelreihig geknöpften Mantel, wie der Schriftsteller Max Krell beobachtete: »Und gegen die Mittagsstunde erschien ein gewichtig daherschreitender Herr, à quatre épingles, den Stock mit dem runden Griff über den linken Arm gehängt und dann und wann in letzter Selbstkontrolle vor dem Abenteuer Stadt ein Stäubchen vom Paletot schnipsend; schmal, nicht groß, aber mit großer spitzer Nase. Er beeilte sich keineswegs, die Tram zu erreichen, wenn sie schon von der Bogenhauser Höhe heranrollte. Der Herr ›Senator‹ begab sich in die Stadt.«

Literatur spielte unausgesprochen die Hauptrolle in der Poschinger Straße 1. Seine Familie wusste immer, woran er gerade schrieb. Fertige Kapitel las er gern seiner Frau vor, später auch den älteren Kindern, wie Erika mitteilte, »im halbdunklen Arbeitszimmer bei der Stehlampe sitzend, während wir andern es uns ringsum bequem gemacht haben«. Katia berichtet in ihren »Memoiren«, dass man ihn auf Kleinigkeiten aufmerksam machen konnte: »Das stimmt doch vielleicht nicht ganz … ? / Nun, das will ich mir noch überlegen, das ändere ich vielleicht.« Und Erika erinnerte sich später: »Wenn Du eine Weile gelesen hast, hältst Du inne. ›Na‹, sagst Du, ohne abschließend die Stimme gesenkt zu haben, ›genug!‹ Da wir widersprechen, blätterst du, überschlägst ein paar Seiten und springst zum Schluß des Kapitels, einem vorläufigen Finale.«

»ERZIEHUNG IST ATMOSPHÄRE, WEITER NICHTS«

In der Regel las Katia den Kindern abends Geschichten vor, von E. T. A. Hoffmann, Selma Lagerlöf, Ludwig Tieck, Clemens Brentano etwa. Thomas Mann übernahm diese Aufgabe nur selten, anfangs Märchen der Brüder Grimm und Hans Christian Andersens, später Tolstois Kaukasusnovelle »Hadschi Murat«, Geschichten von Nikolai Gogol, Fjodor Dostojewski, Mark Twain oder Novellen von Eduard Mörike und Franz Grillparzer. Auch fertigte er für die Kinder humoristische Zeichnungen an und deklamierte komische Gedichte. Besucher beobachteten das Familienleben, die freundliche Zuwendung für die Kinder: »Sie waren die beglückende Entspannung für Thomas Mann.« Sein Tagebuch und die Dichtung »Gesang vom Kindchen« geben über die Beschäftigung mit den Kindern Auskunft. Aber auch wenn ein Besucher in der Garderobe Unordnung vorfinden konnte – »Kindermäntel, Mützen, Pullover, Überschuhe, Schirme« – und im Garten auf die nackt spielenden jüngsten Geschwister Elisabeth, genannt Medi, und den ein Jahr nach ihr geborenen Michael, genannt Bibi, traf, so herrschte doch eher ein strenger Geist im Haus, den Golo später beschrieb: »Unser Haus war viel weniger Boheme, viel bürgerlicher und strenger, als man sich einen Künstlerhaushalt vorstellt. Und besonders die Zimmer meines Vaters waren eine Art Heiligtum, das wir nie ohne Scheu und selten genug betraten. Wenn er abends vorlas, lustige eigene oder fremde Sachen, dann löste sich die Spannung.« Klaus schrieb in seinen Lebenserinnerungen »Der Wendepunkt«: »Es war uns immer etwas unheimlich festlich zumute, wenn wir sein Arbeitszimmer betreten durften, wo das charakteristische Aroma der Bibliothek sich mit dem Duft seiner Zigarre vermischte.«

Thomas Mann besuchte mit den älteren Kindern Faschingsfeste, in der von Erika erfundenen Verkleidung eines Zauberers, was ihm den lebenslangen Spitznamen eintrug, mit dem er selbst Briefe an seine Kinder unterzeichnete. Er nahm sie auch im Krieg zu Opernaufführungen mit, fuhr mit ihnen auf dem Fahrrad durch die Stadt, dabei an jeder Kreuzung absteigend.

Im September 1918 notierte Thomas Mann im Tagebuch: »Erziehung ist Atmosphäre, weiter nichts.« Der Einfluss auf die Kinder erfolgte eher indirekt, »durch das Vorbild, durch das Beispiel«, wie sich Erika später erinnerte: »Und er glaubte [...], daß seine Art zu leben, so wie wir sie sehr wohl beobachten konnten, vielleicht einen gewissen Eindruck auf uns nicht verfehlen würde und daß er uns dadurch bis zum gewissen Grad erziehen könnte.« Zusammen mit ihrem Bruder Klaus beschrieb sie die Grundhaltung des Vaters so: »Er findet, daß es besser sei, uns etwas ›vorzuleben‹, als den Versuch zu machen, direkt und pädagogisch auf uns einzuwirken. Die Atmosphäre des Hauses, die Luft von geistiger Verantwortlichkeit, die Disziplinierheit, mit der hier gearbeitet wird, die Regelmäßigkeit des Lebens, die heitere Gelassenheit, der von Ironie und Anführungszeichen nie ganz freie Ernst, der seiner Person eignet und der unseren Kinderangelegenheiten ebenso freundlich zugewandt ist wie den ›erwachsenen‹ Dingen [...] – all dies, meint er, müsse dazu angetan sein, uns heranbilden zu helfen.«

Erika berichtet in einem späteren Interview von einem erfolgreichen Erziehungsgespräch, das ihr Vater mit der damals Siebenjährigen führte: »›Eri‹, sagte er, ›Du bist ja jetzt schon sieben, Du bist ja kein kleines Kind mehr, und Du weißt ja im Grunde, was Du tust, jetzt lügst Du die ganze Zeit, schau, stell Dir bitte einmal vor, was passieren würde, wenn wir alle immerzu lögen. Wir könnten uns ja gegenseitig gar nichts mehr glauben, wir würden uns gegenseitig überhaupt nicht mehr zuhören, weil es ja viel zu langweilig wäre und es wäre gar kein Leben. Ich bin überzeugt davon, daß Du das einsiehst und daß Du dieses blödsinnige Lügen jetzt läßt.‹«

KATIAS AUFGABEN

Das Tagesgeschäft oblag allerdings seiner Frau Katia, wie ein Besucher später beschrieb: »Allen Kleinkram, alles Schwierige und Ärgerliche der Erziehung nahm ihm Frau Katia ab; davon erfuhr er gar nichts.« Sie war für alle Alltagsfragen zuständig. Ihr Mann verhielt »sich völlig gleichgültig gegenüber dem, was im Hause vorging. Weder der neue Eisschrank noch unsere reparierten

Fahrräder konnten seine Neugierde erwecken«, wie sich Klaus erinnerte. Die Mutter stand den Kindern näher, Klaus: »Sie lehrt uns, zu beten und zu schwimmen und uns die Zähne zu putzen; sie macht den Speisezettel, kauft die Geburtstagsgeschenke, sieht die Schulaufgaben durch, geht mit uns zum Rodeln und zum Schlittschuhlaufen.« Seinen Vater beschrieb er als »weltfremd und verträumt, aber ordentlich bis zur Pedanterie«, seine Mutter hingegen als praktisch, aber unordentlich. Katia brachte nicht nur sechs Kinder zur Welt und erlitt außerdem zwei Fehlgeburten, sie hielt dem Zauberer lästige Besucher und Telefonanrufe vom Hals und erledigte als »Sekretärin« das Geschäftliche, die Post, Verlagsverträge, finanzielle Angelegenheiten, kontrollierte Interviews, begutachtete Bücher und Manuskripte, kümmerte sich um soziale Fragen und steuerte später auch den Wagen. Katias Unterordnung unter die Erfordernisse des gewählten Lebens an der Seite Thomas Manns ging bis zur Selbstaufgabe. Jahrzehnte später stellte sie fest: »Ich habe in meinem Leben nie tun können, was ich hätte tun wollen.«

LEBEN IM KRIEG

In diesen Jahren reiste die Familie selten, im Sommer nach Bad Tölz, einige Male im Jahr nach Polling zur »Omama«. Im Gegensatz zu den Pringsheims im Neorenaissancepalais lebte sie »glanzlos und bescheiden«, wie Klaus schrieb, in einer unaufgeräumten Wohnung: »Wenn wir in ihrer überfüllten Stube den Tee nahmen, was drei- oder viermal im Laufe des Jahres geschah, verabreichte sie uns Berge von staubigem Gebäck [...]. Dabei unterhielt sie uns mit schaurigen Geschichten.«

Im Verlauf des Krieges verschlechterte sich die Versorgungslage. Die Beschaffung von Lebensmitteln war aufwendig. Katia fuhr den ganzen Tag mit dem Fahrrad durch München. Gelegentlich schickte ihre Schwiegermutter Lebensmittelpakete aus Polling. Auch vor dem Schwarzmarkt schreckte Katia nicht zurück, Eier, Butter, auch Brennmaterial: Ein zwielichtiger Händler kippte spätabends Koks vors Haus. Das Geld wurde knapper. Mädchen und Kinderfräulein mussten entlassen werden, Klaus und Erika von der Privat- auf die Volksschule wechseln, wo sich

Erika schnell als Anführerin durchsetzte, während Klaus ein »Saupreuße« blieb, der den Münchner Dialekt nicht beherrschte.

1916 kam es in München zu Hungerdemonstrationen. In der Poschinger Straße schnitt Katia zum Frühstück das Brot nur noch hauchdünn, eine Zeit lang gab es vier Scheiben für jeden, dann nur noch drei. Zum Mittagessen trank Thomas Mann allerdings »Kriegsbier« aus einem großen silbernen Henkelbecher, zu fauligen Kartoffeln oder Kohlrüben. Dennoch hatte er schon im Oktober 1916 fünf Kilogramm abgenommen, wie er in einem Brief mitteilte. Bald gab es nur noch »Ersatz«. Klaus Mann erinnerte sich später: »Essen, Kleider, Schuhe, Kohle, Seife, Schreibpapier, alles, was wir berührten, rochen oder schluckten, war Ersatz, erbärmliches, schundiges Zeug. Es muß eine schwere Zeit für unsere Mutter gewesen sein, viel schwerer als für uns. Vier gierige Kinder und einen heiklen, delikaten Mann unter so abnormen Umständen durchzufüttern, war gewiß keine Kleinigkeit.« Die Kinder trugen auch 1917 noch die alten Matrosenanzüge und Kittel aus der Vorkriegszeit, die längst fadenscheinig und zu kurz geworden waren, dazu schwere Holzsandalen. Schließlich musste 1917 auch das Landhaus in Bad Tölz verkauft werden. Nach Abzug einer Hypothek blieben 53 000 Mark, die Thomas Mann allerdings in Kriegsanleihen investierte und später verlor. Im folgenden Jahr wurden die Ferien dann am Tegernsee verbracht.

Gäste kamen nur noch selten zum Essen, zumeist Bekannte und Freunde, mit denen man sich zumeist politisch einig wusste. So erschien Hugo von Hofmannsthal zu einem bescheidenen Abendbrot mit Ölsardinen, auch Jakob Wassermann stellte sich ein, der ein Stück aus dem »Zauberberg« hören wollte, gegen Ende des Krieges häufiger Ernst Bertram, der an einem Buch über Nietzsche arbeitete, außerdem der befreundete Komponist Hans Pfitzner im weißen Seidenanzug, dessen Oper »Palestrina« (1917) Thomas Mann über alles schätzte. Auch die Nachbarn aus dem Herzogpark kamen, der Historiker Erich Marcks, der Privatgelehrte Robert Hallgarten, der Dirigent Bruno Walter. Sie führten politische Gespräche, erörterten den Kriegsverlauf, tranken Wein, aßen einen dürftigen Imbiss, Plätzchen oder Brathering mit Salat.

»BETRACHTUNGEN EINES UNPOLITISCHEN«

Der freundliche, gütige Vater strahlte angesichts der bedrückenden Kriegslage nur noch Strenge aus, ließ sich zeitweise einen Bart stehen. Golo erinnerte sich an Schweigen, Nervosität und Zorn, ja »Ausbrüche von Jähzorn und Brutalität« bei Tisch. Thomas Mann hatte schon 1915 die Arbeit an »Felix Krull« und »Zauberberg« unterbrochen und schrieb an einem schwierigen Buch, den »Betrachtungen eines Unpolitischen«. Anlass war Heinrich Manns Essay »Zola« gewesen, mit dem dieser auf die Artikel des ersten Kriegsjahrs reagiert hatte. In diesem emphatischen Porträt des französischen Dichters trat er für den Gesellschaftsroman ein, wandte sich gegen Nationalismus, den Krieg und gegen den Bruder, und er prophezeite eine deutsche Niederlage. Der jüngere Bruder gab sich kämpferisch, verteidigte den Krieg als konservativer nationaler Monarchist gegen die fortschrittlichen, international denkenden Demokraten. Als vorgeblich »Unpolitischer« stand er auf seinem Platz in einem kaiserzeitlichen Obrigkeitsstaat, in dem er etwa dem Münchner Zensurbeirat angehört hatte.

Gegen die »westliche Zivilisation«, gegen die Ideen von Freiheit, Gleichheit, Brüderlichkeit setzte er »deutsche Kultur« und »Seele«, stützte sich dabei auf seine drei Hausgötter Wagner, Nietzsche und Schopenhauer, aber auch auf Goethe und Dostojewski bis hin zu Paul de Lagarde, Ernst Troeltsch und Werner Sombart. Ganze Kapitel füllte er mit Angriffen gegen den Bruder, den »Zivilisationsliteraten« und »politischen Säurespritzer«. Die einsame Arbeit erschien ihm wie ein »wegloses Sich-durchs-Gestrüpp-Schlagen«, beraten allein von Ernst Bertram. Einmal las er aus dem Manuskript im Kreis um den Theaterwissenschaftler Arthur Kutscher an der Universität, lernte an diesem Abend den späteren Schriftsteller und Revolutionär Ernst Toller kennen. Während Katia im Winter 1916 nicht mehr an einen deutschen Sieg glaubte, hielt Thomas an einer trotzigen Zuversicht fest.

Klaus Mann erinnerte sich später an die Zeit dieser Arbeit: »Ich sehe ihn sein Arbeitszimmer verlassen, sehr aufrecht in einer straffen uniformierten Jacke aus grauem Stoff. Seine Lippen sind gleichsam versiegelt über einem düsteren Geheimnis, und der sinnende Blick geht nach innen. Er sieht müde aus; der Morgen am Schreibtisch muß ungewöhnlich anstrengend gewesen sein.« In einem Brief schrieb Thomas Mann im März 1917: »Das Bruderproblem ist das eigentliche, jedenfalls das schwerste Problem meines Lebens.«

Heinrich lebte mit seiner Frau in den Jahren des Kriegs zurückgezogen in der Leopoldstraße 59. Tochter Leonie kam 1916 zur Welt. Die Geburtsanzeige ließ Thomas unbeantwortet. Ihre Mutter und Viktor, der seit 1915 wegen schweren Gelenkrheumatismus als Leutnant der Reserve Garnisonsdienst versah und bei beiden Brüdern verkehrte, versuchten zu vermitteln.

Heinrich, Wortführer der demokratischen Intellektuellen in Deutschland, traf sich mit mehr oder weniger Gleichgesinnten im Café Luitpold, etwa Frank Wedekind, dem Schriftsteller Gustav Meyrink, dem aus Lübeck stammenden Anarchisten Erich Mühsam, der berichtete: »Hier wurden mit gedämpfter Stimme die Ereignisse besprochen und aus höherem Gesichtspunkt betrachtet als den an lauten Tischen beliebten.«

Ausgerechnet in dieser Zeit der Abrechnung mit Heinrich wagte dieser einen Versöhnungsversuch, nach dem die Mutter immer wieder gedrängt hatte. Er sandte Thomas am 30. Dezember 1917 ein langes Schreiben, das dieser Anfang Januar zurückwies: »Laß die Tragödie unserer Brüderlichkeit sich vollenden. [...] Seit Carla sich tötete und Du fürs Leben mit Lula brachst, ist Trennung für alle Zeitlichkeit ja nichts Neues mehr in unserer Gemeinschaft.« Wenige Tage darauf unternahm er eine 17 Tage dauernde Vortragsreise, die ihn über Straßburg und Essen in das besetzte Brüssel führte, dann über Hamburg nach Lübeck, Rostock und Berlin.

Das Buch »Betrachtungen eines Unpolitischen« erschien zur falschem Zeit, im Oktober 1918, als der Krieg verloren ging und das Kaiserreich zerbrach. Aber die Auslieferung ließ sich nicht mehr verhindern. In München endete die Monarchie, musste Ludwig III. abdanken. Am 7. November 1918 rief der Sozialist Kurt Eisner den Freistaat Bayern aus, zwei Tage später proklamierte Philipp Scheidemann in Berlin die deutsche Republik. Das Kaiserreich existierte nicht mehr.

6 Jahre des Wandels: Die Weimarer Republik

REVOLUTION IN MÜNCHEN

Am Abend des 7. November 1918 besuchte Thomas Mann mit seiner Frau ein Pfitzner-Konzert in der Tonhalle, wechselte danach einige Worte mit dem befreundeten Komponisten. In der Nacht hörte er Schüsse und hielt sie für friedliches Feuerwerk. Erst am nächsten Morgen erfuhr er, dass Kurt Eisner, sein »Kollege«, wie er schrieb, die »demokratische und soziale Republik« ausgerufen hatte. Auch andere Schriftsteller waren beteiligt, Bruno Frank (»sehr gemäßigt«) und Wilhelm Herzog (»ultra-bolschewistisch«), ein »schmieriger Literaturschieber«, den Thomas Mann im Tagebuch mit antisemitischen Äußerungen bedachte. Schon am nächsten Tag sah er eine »Diktatur« am Werk. Während der ersten Stunden und Tage der Revolution drangen auch in den ruhigen Herzogpark die Nachrichten von Schießereien und Plünderungen durch die »souveränen Massen«. Die Bewohner des Villenviertels machten sich Sorgen um ihr Hab und Gut, ja, um das eigene Leben, so auch in der Poschinger Straße. Das Telefon war abgestellt, Post blieb aus. Thomas Mann notierte im Tagebuch: »Vorstellungen von Revolutionstribunal und Hinrichtung. Kommt es extrem, so ist es nicht unmöglich, daß ich infolge meines Verhaltens im Kriege erschossen werde.« Er träumte, dass er »geholt« würde. Professor Pringsheim berichtete von Versammlungen der Studenten in der Universität, Bruno Walter von der Gründung eines Künstler- und Arbeiterrates im Theater: »Toll und kindisch.«

Aber Zuversicht überwog, und die Hoffnung, die Ereignisse würden sich zum Guten wenden. Im Ministerium seien auch bürgerliche Fachleute am Werk, notierte er, Freiheit der Person und Sicherheit des Eigentums würden garantiert, die Proklamationen der neuen »Regierung« predigten in guter deutscher Tradition »Ruhe und Ordnung«, »keine französische Wildheit, keine russisch-kommunistische Trunkenheit«. Die Revolution erschien Thomas Mann bald sogar »natürlich und berechtigt«:

Katia Mann mit ihren sechs Kindern: Monika, Golo, Michael, Klaus, Elisabeth und Erika (v. l. n. r.), Fotografie von 1919

»Überhaupt sehe ich den Ereignissen mit ziemlicher Heiterkeit und einer gewissen Sympathie zu«, notierte er und: »Ich war nie ›Republikaner‹, aber ich habe nichts gegen den deutschen Freistaat mit Einschluß Deutsch-Österreichs und nichts gegen den Fall der Dynastien u. des Kaisertums.« Und schilderte Bruno Frank den neuen Ministerpräsidenten Eisner nicht sogar als »sehr sympathisch, mit einem Stich ins Patriarchalische«?

Bei Sonnenschein ging er nun wieder in den Park, zum Mittag wurden »Ente und Fruchttartelets« gereicht. Auch traf ein Scheck über 500 Mark ein, das Honorar für »Herr und Hund«, die im Oktober beendete Prosaidylle über die Spaziergänge mit Hund Bauschan im Herzogpark und an der Isar. Vormittags schrieb er bereits an einem Prosaentwurf »An mein jüngstes Kind«, die Vorstufe zur Hexameteridylle »Gesang vom Kindchen«. Dazu las er Goethes Versepos »Hermann und Dorothea« und schrieb selbst einige Hexameter, bevor er am 24. Dezember die Niederschrift in Versen begann. Inzwischen wurden die »Betrachtungen« zu einem unerwarteten Erfolg, mussten nachgedruckt werden. Zahlreiche zustimmende Zuschriften von Lesern kamen ins Haus, Thomas Mann beantwortete sie alle. Die Reaktionen von Kritikern und Freunden aber enttäuschten den Autor. Politisch hatte er sich in der neuen Zeit, die angebrochen war, isoliert. Im Tagebuch hielt er fest, »daß ich eine einsame, abgesonderte, grüblerische, wunderliche und trübe Existenz führe«.

Heinrichs Leben hingegen war »jetzt sehr sonnig«, wie sein Bruder ärgerlich notierte. Er war der Mann der Stunde. Anfang 1919 erschien endlich der »Untertan«. Innerhalb weniger Wochen wurden 100 000 Exemplare verkauft. In seiner Schwabinger Wohnung an der Leopoldstraße waren die Schriftsteller Wilhelm Herzog und Arthur Schnitzler, der Schauspieler Gustav Waldau, der Maler Max Oppenheimer, der Gründer der Paneuropa-Bewegung Richard Nikolaus Graf Coudenhove-Kalergi zu Gast. Im »Politischen Rat geistiger Arbeiter« spielte Heinrich als dessen Vorsitzender eine große Rolle. In einem Aufruf vom 15. November 1918 an die Gleichgesinnten unter den Kulturschaffenden schrieb er: »Wir sind die deutschen Demokraten; unser Stolz ist die Überlieferung des Jahres 1848, unsere Welt ist die des deutschen Idealismus, nicht die geistige Welt Bismarcks und Treitschkes. [...] Wir sind deutsch, demokratisch und europäisch.« Er hielt in der folgenden Zeit zahlreiche Reden, war bekannt, befreundet mit den neuen politischen Herren, führte überhaupt ein gutes Leben: Zuweilen dinierte er sogar mit seiner Frau im Speisewagen des Orientexpresses zwischen München und Salzburg, weil die Münchner Restaurants in der Nachkriegszeit nur dürftige Angebote hatten.

Thomas nannte ihn im Tagebuch spöttisch »die führende Persönlichkeit«, beobachtete seine Aktivitäten argwöhnisch, begegnete ihm in seinen Träumen, erschrak, wenn er ihn auf der Straße sah, mied auf Veranstaltungen seine Nähe, freute sich über Heinrichs Misserfolge als Dramatiker. Noch 1921 unterließ er es, seinem Bruder, der Glückwünsche aus der ganzen Welt erhielt, zum 50. Geburtstag zu gratulieren, phantasierte aber schon über eine mögliche Teilung des Nobelpreises zwischen beiden. Die Annäherung bereitete sich vor.

Anfang 1922 erkrankte Heinrich an einem Bronchialkatarrh mit Lungenkomplikationen, dazu kamen Blinddarm- und Bauchfellentzündung. Sein Leben geriet in Gefahr. Dies-

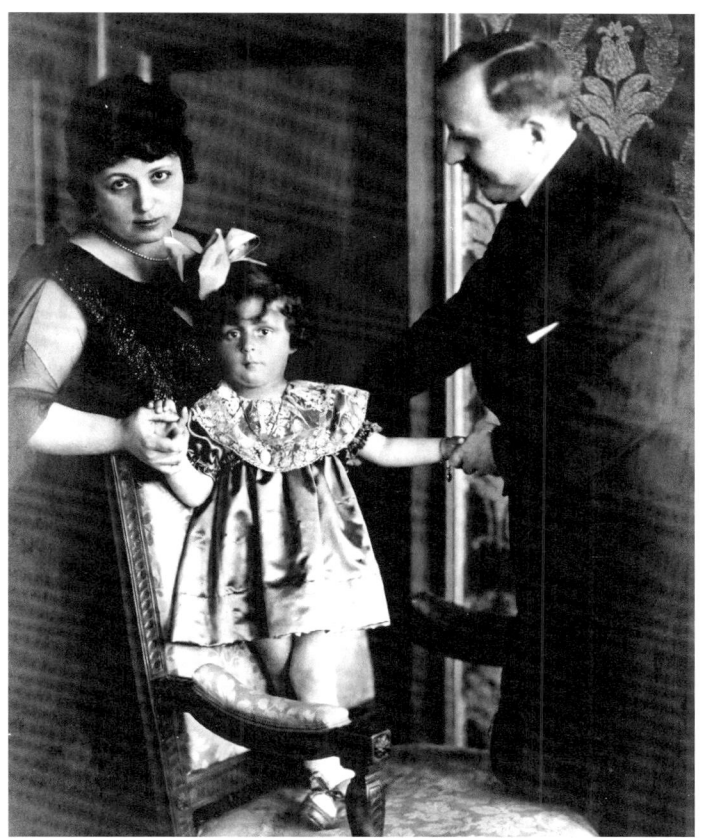

Heinrich Mann mit Ehefrau Maria und Tochter Leonie, Fotografie um 1920

mal nutze Thomas die Gelegenheit zur Versöhnung. Während Heinrich im Krankenhaus lag, besuchte Katia dessen Frau Maria. Danach schickte Thomas ihm Blumen und ein kurzes Schreiben: »Es waren schwere Tage, die hinter uns liegen, aber nun sind wir über den Berg und werden besser gehen, – zusammen, wenn Dir's ums Herz ist, wie mir.«

Heinrich ließ ihm danken und sprach den Wunsch aus, dass sie einander »nie wieder verlieren« wollten. Die beinahe acht Jahre andauernde Trennung der Brüder war beendet, wenn auch ohne Illusionen. An den Freund Ernst Bertram schrieb Thomas Mann: »Freudig bewegt, ja abenteuerlich erschüttert, wie ich bin, mache ich mir doch keine Illusionen über die Zartheit und Schwierigkeit des neu belebten Verhältnisses. Ein modus vivendi menschlich anständiger Art wird alles sein, worauf es hinauslaufen kann. Eigentliche Freundschaft ist kaum denkbar.«

»POLITIK UMSCHÄUMT MICH«

In dieser Zeit wandelte sich Thomas auch politisch. In den unruhigen Jahren nach dem Krieg hatte er weiterhin einem reaktionären, nationalistischen Konservativismus angehangen, hatte die Niederschlagung der Münchner Räterepublik durch Reichstruppen Anfang Mai 1919 lebhaft begrüßt: »Die Münchener kommunistische Episode ist vorüber; es wird wenig Lust vorhanden sein, sie zu erneuern. Eines Gefühls der Befreiung und Erheiterung entschlage auch ich mich nicht. Der Druck war abscheulich.« Auch gegen den Versailler Vertrag zog er zu Felde, wandte sich in einer Pressemitteilung gegen das Vorhaben, »einer mitten in Europa wohnhaften und immerhin verdienten Kulturnation von 70 Millionen Menschen das Schicksal Karthagos zu bereiten«, und konstatierte: »Hier scheint ein Instinkt am Werke, der nur noch eins will: Das Ende.« Die Erfolge der konservativen Deutschen Volkspartei und Deutschnationalen Volkspartei bei den Reichstagswahlen im Juni 1920 hatte er als Schlappe für die Demokratie gefeiert und notiert: »Anerkennenswert, daß sich die Wahlen zu einem Protest gegen den gegenwärtigen Saustall gestaltet haben.«

Doch die terroristischen Aktivitäten der Rechtsextremisten, vor allem die Ermordung Walther Rathenaus, den Thomas Mann persönlich gekannt hatte, bewirkten einen Wandel der Einstellung. Der Außenminister hatte gerade einen Freundschaftsvertrag mit der Sowjetunion abgeschlossen, was Thomas Manns Idee vom Ausgleich zwischen Ost und West entsprach. Sein Tod bedeutete für ihn »einen schweren Choc«, und er beschloss, den lange geplanten »Geburtstagsartikel über Hauptmann zu einer Art von Manifest zu gestalten, worin ich der Jugend, die auf mich hört, ins Gewissen rede«.

Von der Münchner Novemberrevolution zur Räterepublik

Während der Novemberrevolution 1918 hatte Kurt Eisner von der Unabhängigen Sozialdemokratischen Partei (USPD) den Freistaat Bayern ausgerufen. König Ludwig III. und seine Frau Marie Therese waren nach Schloss Wildenwart im Chiemgau geflohen. Eisners Revolutionsregierung, die er als Ministerpräsident gebildet hatte, gehörten auch Mehrheitssozialdemokraten an. Weil sie baldige Wahlen forderten und die Beteiligung von Arbeiter-, Bauern- und Soldatenräten ablehnten, kam es zum Streit mit der USPD. Bei den Wahlen zum Verfassungsgebenden Landtag im Januar 1919 erlitten sie eine herbe Niederlage, erhielten nur drei der 180 Sitze. Die Mehrheit der Abgeordneten stellte die Bayerische Volkspartei. Bevor Eisner den Landtag wiedereröffnen und den Rücktritt seiner Regierung erklären konnte, wurde er am 21. Februar 1919 von einem nationalistischen Attentäter auf offener Straße erschossen. Der Zentralrat der Arbeiter- und Soldatenräte konstituierte sich unter Ernst Niekisch als provisorische Regierung. Sie verhängte den Belagerungszustand und ließ bürgerliche Persönlichkeiten des öffentlichen Lebens verhaften. Als der Landtag am 17. März dennoch den Sozialdemokraten Johannes Hoffmann zum Ministerpräsidenten wählte, verschärften sich die Auseinandersetzungen zwischen den Anhängern des Rätesystems und den Vertretern der parlamentarischen Demokratie. Am Morgen des 7. April rief der »Revolutionäre Zentralrat« die Räterepublik Bayern aus. Die Regierung Hoffmann flüchtete nach Bamberg. Die erste Phase der Räterepublik wurde neben Niekisch dominiert von Schriftstellern, Pazifisten und Anarchisten wie Ernst Toller, Gustav Landauer und Erich Mühsam. Als am 13. April ein Putschversuch der Bamberger Regierung nach Straßenkämpfen in München scheiterte, setzen die bisher an der Räterepublik nicht beteiligten Kommunisten den Zentralrat ab und

> bildeten einen »Vollzugsrat«. Die zweite Phase der Räterepublik hatte begonnen. Gegen die von Berlin entsandten Reichswehr- und Freikorpsverbände, die München Mitte April einzuschließen versuchten, konnte sich eine aus Arbeitern und ehemaligen Soldaten gebildete »Rote Armee« nicht lange wehren. Es kam zu gewalttätigen Ausschreitungen auf beiden Seiten. Am 2. Mai 1919 wurde München von den Regierungstruppen besetzt und die Räterepublik beendet. Ihre Anführer wurden zu hohen Haftstrafen verurteilt, einige auch hingerichtet. Am 31. Mai konstituierte sich eine Regierungskoalition aus Sozialdemokraten und bürgerlichen Parteien unter Ministerpräsident Hoffmann. Der Kriegszustand in München dauerte bis Dezember.

Beeindruckt hatte ihn auch das europäische und amerikanische Interesse an seinen Werken, das nach dem Ersten Weltkrieg offenbar wurde. Der einstige konservative Verteidiger des Kaiserreichs hielt am 13. Oktober 1922 seine Rede zum 60. Geburtstag Gerhart Hauptmanns, den er 1903 auf einem Empfang bei Samuel Fischer kennengelernt und seinem Bruder Heinrich gegenüber als »ganz eigentlich mein Ideal« als Schriftsteller bezeichnet hatte. Seitdem waren die beiden Autoren, die sich gegenseitig schätzten, immer wieder zusammengetroffen.

In der Rede, die den Titel »Von deutscher Republik« trug, bekannte sich Thomas Mann öffentlich zur neuen Ordnung. Sie bedeutete ein grundsätzliches Manifest für die Demokratie, von dem Thomas Mann nicht wieder abrückte. Er war durch diesen Auftritt zu einer Persönlichkeit des öffentlichen Lebens geworden. Seinem Bruder berichtete er, nach »dem großen Berliner Abenteuer« werde er als »Wahlredner« für den Reichspräsidenten Friedrich Ebert bezeichnet, den er bereits persönlich kennengelernt hatte: »Politik umschäumt mich.«

An ihm schieden sich nun die Geister mehr als zuvor. »Saulus Mann«, dem »Mann über Bord«, warfen einige »Verrat« vor. Junge Nationalisten um den expressionistischen Münchner

Dichter Hanns Johst, der Thomas Mann freundlich gesinnt war, protestierten. Alte Freunde wandten sich ab, wurden zu Gegnern wie Hans Pfitzner. Auch der alte Freund Ernst Bertram, Pate Elisabeths, entfernte sich, entwickelte sich bis 1933 zum überzeugten Nationalsozialisten.

Für Thomas Mann aber interessierte sich nun das Ausland mehr als je zuvor. Vortragsreisen führten ihn durch halb Europa, nach Holland und in die Schweiz, von Prag über Wien nach Budapest, nach Spanien, Dänemark und Schweden. Sie hatten alsbald diplomatischen Charakter, wurden zum Ausdruck des »kulturellen Versöhnungswillens« einer europäisch orientierten, völkerverbindenden Politik. 1924 dinierte er in London mit George Bernhard Shaw und dem späteren Nobelpreisträger John Galsworthy, dem Verfasser der »Forsyte Saga«. 1925 reiste er nach Italien, im Jahr darauf nach Paris, traf sich mit Ministern, Botschaftern und Schriftstellern, erörterte die Frage, ob Deutschland in den Völkerbund eintreten werde.

DAS HAUPTWERK DER 1920ER-JAHRE

Zum Schreiben blieb dabei wenig Zeit. Das Hauptwerk dieser Jahre, »Der Zauberberg«, hatte er bereits vor dem Krieg begonnen, unter dem Eindruck des Lungensanatoriums in Davos, in dem Katia sich 1912 monatelang aufhalten musste. Nach den »Betrachtungen« und den Idyllen »Herr und Hund« und »Gesang vom Kindchen« hatte er sich im April 1919 dem Werk wieder zugewandt, das als eine »Art humoristisches Gegenstück« zum »Tod in Venedig« gedacht war, sich aber nun zu einem umfangreichen Roman entwickelte. Seine Werkplanungen reichten bereits bis zum 50. Geburtstag im Jahr 1925. Zu diesem Zeitpunkt wollte er seine »Gesammelten Werke« im S. Fischer Verlag vorliegen sehen. Er hatte gerade seinen Vertrag verlängert und erhielt unverändert eine Autoren-Tantieme von 25 Prozent.

Die Geschichte von Hans Castorp, dem Enkel eines Hamburger Senators, der einen lungenkranken Vetter für drei Wochen in einer Schweizer Lungenklinik besuchen will, erschien 1924. Der Patriziersohn bleibt am Ende sieben Jahre unter den merk-

Katia, Monika, Michael, Elisabeth, Thomas, Klaus und Erika Mann auf Hiddensee, Fotografie von 1924

würdigen Bewohnern des in der Bergwelt entrückten Sanatoriums. Der von autobiografischen Erfahrungen inspirierte Bildungsroman führt zumeist bürgerliche Lebens- und Denkweisen vor, die Hans Castorp zur Kenntnis nimmt, treibt ein ironisches Spiel mit den unterschiedlichen Weltanschauungen, entwickelt sich zu einer Satire auf die mit dem Kaiserreich untergegangene Zeit. Er wurde ein großer Erfolg. Vier Jahre nach Erscheinen hatte der Roman, der inzwischen in fast alle europäischen Sprachen übersetzt war, eine Auflage von 100 000 Exemplaren.

Die Parodie Gerhart Hauptmanns in der Figur des Mynheer Peeperkorn, seines einstigen Schriftstellerideals, der wegen seines sozial engagierten Frühwerks noch immer als König der Weimarer Republik galt, führte jedoch zu Verwerfungen mit dem Nobelpreisträger. Er sah sich »maskeradenhaft mit der Gestalt eines körperlich und geistig ruinierten Holländers verbunden, eines Potators und Selbstmörders«, wie er in einem Brief schrieb. Im November 1923 waren sie sich in Bozen begegnet, hatten einen »Chianti-Abend« mit Ehefrauen verbracht, im folgenden Sommer hatten sie auf der Ostseeinsel Hiddensee im selben Hotel gewohnt, Hauptmann als »König von Hiddensee« repräsentativ im ersten Stock, Familie Mann im beengten Obergeschoss. Nachdem Thomas Mann und ihr gemeinsamer Verleger Samuel Fischer sich entschuldigt hatten, notierte Hauptmann: »Ich werde jedenfalls mein früheres Thomas Mannfreies Dasein, soweit es an mir liegt, ohne Bedauern wieder aufnehmen.« Erst im November 1926 kam es wieder zu einer Annäherung, als Hauptmann und seine Frau in der Poschinger Straße zu einem Frühstück eingeladen waren.

FRAU SENATOR

Julia Mann erlebte noch die lange erhoffte Aussöhnung ihrer Söhne, aber nicht den Aufstieg als bedeutende Repräsentanten des republikanischen Deutschland. Sie wohnte noch immer in Polling, manchmal auch in anderen Dörfern, noch immer ruhelos, von ihren Kindern und Enkelkindern zuweilen besucht. Es war still um sie geworden. Viktor erinnerte sich später: »Die möblierten Zimmer wurden immer primitiver, das Essen immer unzulänglicher. Komplizierte List war notwendig, wenn Thomas und Katja helfen wollten: mit einer angeblichen Rentenerhöhung, einem wärmenden Mantel.« Thomas kam zumeist vom nahen Feldafing am Starnberger See herüber. Dort besaß er Anteile an einem Landhaus, dem »Villino«, das der befreundete Münchner Kunsthändler und Verleger Georg Martin Richter 1919 gekauft hatte und in das sich der Autor immer wieder zum Arbeiten zurückzog. Dann schrieb er vormittags auch in Polling weiter, ging spazieren, ließ sich von seiner alten Mutter pflegen. Ihr 70. Geburtstag im Sommer 1921 war ihr letztes, unter großer Anteilnahme gefeiertes Fest. Weihnachten 1922 besuchte sie ihre Kinder noch einmal in München. Im Februar des folgenden Jahres mietete sie ein Gasthofzimmer in Weßling, rund 30 Kilometer nördlich von Polling, wo sie sich seit 1917 immer wieder einmal aufgehalten hatte. Dann wurde sie krank, erst Grippe, dann Lungenentzündung, das Herz war schwach, der Zustand bald ernst. Ihre Tochter Julia erschien am Krankenbett, einige Tage später, am 11. März 1923, Viktor,

Thomas und Heinrich zu einer letzten Teestunde. Die Sterbende, die immer Hochdeutsch mit leicht lübeckischem Tonfall gesprochen hatte, wechselte in ihren letzten Stunden in den dunklen Klang ihrer brasilianischen Kindheit, langsam, mit rollendem »R«. Thomas erzählte von seinen Kindern, und die Krankenschwester reichte Kekse. Dann bat die Kranke, ein wenig schlafen zu dürfen. Die Söhne zogen sich ins Nebenzimmer zurück, waren gerade dabei, sich Zigaretten anzuzünden, als die Krankenschwester erschien: »Die Frau Senator ist soeben ganz sanft entschlafen.« Wenige Tage später wurde sie auf dem Münchner Waldfriedhof in Carlas Grab beigesetzt.

VIKTOR – »EIN GUTER BURSCH«

Viktor Mann hatte den Krieg und die Revolutionswirren als Leutnant der Reserve in der Schreibstube einer bayerischen Garnisonstadt überstanden, die er schon 1915 wegen eines schweren Gelenkrheumatismus beziehen musste. Während eines Lübeckaufenthalts 1917 verlieh ihm seine Vaterstadt das Lübeckische Hanseatenkreuz. Silvester 1918 war er nach München zurückgekehrt, hatte sich nicht nach einem Beruf gedrängt, jetzt auf seine Weise »abwartend«. Er hatte sich stattdessen in der Literatur versenkt, im Frühjahr einen Sammelband mit 15 Revolutionsgeschichten unter dem Titel »Aufruhr« herausgegeben, darunter auch Texte seiner Brüder. Das Vorwort schrieb er während einer der üblichen Schießereien vor dem Haus. Bald jedoch wandte er sich seinem alten Leben wieder zu, traf sich mit Korpsbrüdern aus seiner früheren Studentenverbindung im Café Karlsthor und nahm bald das Angebot an, in den Außendienst des neuen Amtes für Milchwirtschaft einzutreten. Er hatte nun vor Ort die Milchproduktion auf den Bauernhöfen Oberbayerns zu kontrollieren und vor allem die Lieferpflicht festzusetzen, der sich viele Bauern entzogen, um auf eigene, überhöhte Rechnung Handel zu treiben: »Eine Arbeit gegen den Hunger, die persönlichen Einsatz forderte und dabei gerade die fachlichen und menschlichen Kenntnisse, die ich mir zutraute.« Er musste mit Bauern streiten, höhere Abgaben durchsetzen, mit Polizei, Geldstrafe, Viehenteignung drohen, keine leichte Aufgabe. In einem Dorf am Staffelsee griff ihn ein rabiater Bauer mit einer Mistgabel an. Schon im Sommer 1919 wurde er befördert, residierte in einem Saal des Wittelsbacher Palais, bevor ihn ein Anruf seines Schwagers Josef Löhr erreichte: Im Herbst des Jahres trat er als Sachverständiger für Agrarkredite in die Bayerische Handelsbank ein. Auch in der neuen Stellung kam er weit herum, besuchte und schätzte Güter und Bauernhöfe in allen Gegenden Bayerns, vom Allgäu bis zum Bayerischen Wald, von Würzburg bis Murnau. Viktor hatte seine Stellung im Leben gefunden, »ein guter Bursch, mit dem keine Feindschaft möglich wäre«, wie Thomas Mann 1922 in einem Brief an Ernst Bertram schrieb, allerdings kein Bruder »in höherem Sinn« wie Heinrich.

JULIA – »WEIBLICHES NEBEN-ICH«

Während Viktors Ehe mit Nelly Kilian kinderlos blieb, hatte seine Schwester Julia mit Hofrat Dr. Josef Löhr drei Töchter: die 1901 geborene Eva Maria, die den Bankkaufmann Hans Bohnenberger heiratete, und die Zwillinge Rosemarie und Ilsemarie, geboren 1907. Letztere arbeitete später als Säuglingsschwester, Rosemarie heiratete den Gärnter Friedrich Alder und war selbst als Gartenbautechnikerin tätig. Ihr Vater starb im Alter von 60 Jahren am 4. April 1922. Seine Frau Julia hatte immer an »Gattenekel« gelitten, so Golo Manns Erinnerungen, und war deswegen zur Drogensucht gekommen: »Ihre Neigung zum Morphium, so gestand sie ihrem Bruder, kam von daher; was der Bankier nur zu oft von ihr wollte, konnte sie ohne das erlösende Gift nicht prästieren.« Ihr Scheitern setzte sich auch nach dem Tod des ungeliebten Ehemannes fort. Das hinterlassene Vermögen verlor sie während der Inflation im Jahr 1923 fast vollständig. Sie ließ sich weiter gehen, hatte wechselnde Männerbekanntschaften, »gutaussehende Herren des gehobenen Mittelstandes«, wie sich Klaus später erinnerte. Sie führte ein Doppelleben, trat stets bürgerlich auf, »von zimperlich-gezierter Art, mit matten Augen und gespitztem Mündchen«, so Klaus. Nach außen versuchte sie den Schein zu wahren, auch wegen ihrer Töchter. Der Familie aber, besonders den berühmten Brüdern, war sie längst »peinlich« geworden. Eine unglückliche Liebesgeschichte führte zu ihrem frühen Ende, ein treuloser Liebhaber, den ihr Neffe Golo auf der Seeshaupter Promenade am Starnberger See mit einer anderen traf. Am 10. Mai 1927 erhängte sich die 49-Jährige auf dem Speicher ihrer Wohnung in der Leopoldstraße 27. Heinrich Mann urteilte später: »Meine Schwester war die inkarnierte Konvention. Daran lag ihr mehr als an allem anderen: nicht aufzufallen; zu erscheinen, wie man muß. Daran ging sie zugrunde.« Thomas, dem sie nähergestanden hatte, sein »weibliches Neben-Ich«, wie Goethe in seinem Roman »Lotte in Weimar« über seine Schwester Cornelia sagt, schrieb eine Rede für ihre Beerdigung, die auf dem Waldfriedhof stattfand, in einiger Entfernung zu ihrer Mutter und Schwester, im Grab ihres Mannes.

ERIKA UND KLAUS – DIE »ZWILLINGE«

In den 20er-Jahren begann das Haus in der Poschinger Straße allmählich leerer zu werden. Erika, Klaus und Golo besuchten Internate, kehrten nur kurz ins Elternhaus zurück, um erneut zu Engagements und Studien aufzubrechen.

Erika hatte zwischen 1915 und 1920 die Städtische Höhere Mädchenschule am St. Annaplatz im Lehel besucht und war im Mai 1921 auf die Städtische Höhere Mädchenschule in der Maxvorstadt gewechselt. Klaus war bis 1922 Schüler des Wilhelmsgymnasiums am Maxmonument. Die beiden »Großen«, die nur ein Jahr trennte, waren zusammen aufgewachsen, traten wie Zwillinge auf. Schon früh hatte sie ihr Vater mit in die Oper genommen, nicht nur Engelbert von Humperdincks »Hänsel und Gretel« und Albert Lortzings »Undine« sahen sie, sondern seinen Neigungen entsprechend bald auch Richard Wagners »Fliegenden Holländer«. In ihren Matrosenanzügen saßen Erika und Klaus im März 1918 in der ersten Reihe, die Plätze hatte der Generalmusikdirektor Bruno Walter freigehalten. Einige Zeit später folgte »Walküre«, dann »Rigoletto«, »Lohengrin«, »Madame Butterfly«, »Aida«, »Rosenkavalier«, »Freischütz« ... Die Oper wurde ihr Traum, ihre große Liebe, unterstützt auch durch Bruno Walter, der den Kindern aus Partituren vorspielte, sang, erklärte, gestikulierte, Instrumente nachahmte.

Gemeinsam mit den Kindern der Nachbarn im Herzogpark gründeten Erika und Klaus zu Beginn des folgenden Jahres ein eigenes Theater, den »Laienbund deutscher Mimiker«. Neben Ricki Hallgarten, Lotte und Gretel Walter waren auch Golo und Monika an den Aufführungen von Theodor Körners »Die Gouvernante« oder August von Kotzebues »Schneider Fips« beteiligt.

Neben Shakespeares »Was ihr wollt« und Lessings »Minna von Barnhelm« stand mit »Ritter Blaubart« aber auch ein eigenes Stück von Klaus auf dem Programm. Das Publikum bestand aus den Eltern der Herzogparkkinder. In das Tagebuch des Mimikerbundes schrieben sie Besprechungen der Aufführungen, so Thomas Mann am 15. Januar 1919 über die Premiere der »Gouvernante«: »Die Gouvernante wurde von Fräulein Titi [Erika] mit verständiger Distinktion verkörpert. Nur dem großen Monolog erwies sich die Gestaltungskraft der achtbaren Künstlerin, welche übrigens die in ihrer Rolle enthaltenen französischen Redewendungen mit Exaktheit zu Gehör brachte, als noch nicht völlig gewachsen. Als Luise bewies Herr Klaus viel Biedersinn, doch bleibt der hoffnungsvolle Darsteller aufmerksam zu machen, daß das Sprechen gegen den Hintergrund in Kennerkreisen mit Recht als Unsitte gilt, da es das Verständnis der Dichterworte, von denen ein jedes dem Gebildeten teuer ist, erschwert.«

Das jugendliche Theaterspiel prägte die älteren Geschwister entscheidend. Hier entstand Erikas Wunsch, später Schauspielerin zu werden, und Klaus versuchte sich bereits als Autor. Er las viel, die längsten Dramen und Epen waren ihm nicht umfangreich genug. War sein Interesse geweckt, so las er zumeist sämtliche Werke eines Autors: »Zwölf Bände Schiller, vierzehn Bände Hebbel! Je mehr die Herren geschrieben hatten, desto höher wurden sie von mir geschätzt.« Er schrieb selbst, Dramen, Gedichte, Erzählungen, vor allem Mord- und Liebesgeschichten, »ohne Zweck und Plan«, bald auch über autobiografische Themen. Golo war sein einziger Leser, konnte fast alles auswendig, wurde vom großen Bruder mit den Manuskripten zu Redaktionen und Verlagen geschickt, wo man ihn wegscheuchte.

Die Herzogparkkinder bildeten eine Bande und gerieten zeitweise außer Kontrolle. Sie verübten Telefonstreiche, hatten zweifelhafte Freunde, trieben sich in Nachtlokalen herum, besuchten Filmvorstellungen, lasen »unanständige Bücher«, stahlen Süßigkeiten. Als sie unvorsichtigerweise das Kinderfräulein ins Vertrauen zogen, flog die Sache auf. Die Eltern hielten zwar nichts von »Strafen und Tiraden«, aber eine »drastische Lektion schien geboten«. So schickten sie Klaus und Erika im März 1922 ins reformpädagogische Landerziehungsheim, die »Bergschule Hochwaldhausen« in der Rhön, die allerdings »nicht gerade eine Besserungsanstalt mit eiserner Disziplin« war, wie Klaus schrieb. Die Geschwister setzten ihre Münchner Aufsässigkeit fort, »unterminierten« die Autorität des Direktors, »zerstörten ihm seine Schule«, so dass die Oberstufe aufgelöst werden musste. Erika kehrte nach München zurück, wo sie 1924 am Luisengymnasium das Abitur bestand. Klaus kam an die international angesehene Odenwaldschule, eine von Paul Geheeb, dem Veteran der Jugendbewegung, geleitete reformpädagogische Landschule, »eine Republik, in der die Macht vom Volke, das heißt von den jungen Menschen ausging«, wie Klaus Mann schwärmte. Hier traf »eine kosmopolitische bunte Gesellschaft« zusammen, Kinder aus Frankreich, Russland, Indien, Griechenland, Italien, China und den USA. Geheeb gab Klaus Freiraum, ließ ihn anstelle der Schulstunden dichten oder lesen. Jetzt entdeckte Klaus die ihn prägenden Autoren: Sokrates, Nietzsche, Novalis und Walt Whitman. Die Schule verließ er ohne Abschluss.

Für Erika und Klaus begann nun eine atemlose Zeit. Nach dem Abitur nahm sie ein Schauspielstudium in Berlin auf, der pulsierenden Metropole der 20er-Jahre, hatte ein erstes Engagement bei Max Reinhardt. Klaus, noch in München, entdeckte ebenfalls das neue rauschhafte Leben, das mit dem Vorbild der Elterngeneration brach: »Da die Schwabinger Kneipen und Ateliers uns nicht attraktiv erschienen, bildeten wir unsere eigene kleine Boheme, einen flotten, wenngleich etwas kindlichen Zirkel. Ein junger Mann namens Theo finanzierte unsere Eskapaden; er war es, der uns in die teuren Restaurants und Dancings einführte, die wir bis dahin nur von außen sehnsüchtig betrachtet hatten: das Odeon-Kasino, die Regina-Bar, den Pavillon-Gruß.« Schon im Sommer 1924 verlobte er sich mit Pamela Wedekind, der Tochter Frank Wedekinds, veröffentlichte Aufsätze und Erzählungen in Zeitungen und Zeitschriften wie der renommierten »Weltbühne«, wurde beim »12 Uhr Blatt« in Berlin als Theaterkritiker angestellt. Sein erstes Buch, der Novellenband »Vor dem Leben«, erschien 1925 im avantgardistischen Gebrüder Enoch Verlag in Hamburg. Gleichzeitig reiste er rastlos durch Europa, nach England und Italien, immer wieder nach Paris, wo er Jean Cocteau, André Gide und die Surrealisten um René Crevel kennenlernte.

Im selben Jahr hatte sein erstes Theaterstück Premiere. »Anja und Esther« handelte von den Erlebnissen junger Menschen in einem abgelegenen Heim, Anklänge an die Odenwaldschule waren deutlich. Die Uraufführung in den Münchner Kammerspielen am 20. Oktober unter der Regie Otto Falckenbergs wurde von Publikum und Presse »gehässig« kommentiert, wie sich Klaus erinnerte. Zwei Tage später wurde das Stück in Erich Ziegels Hamburger Kammerspielen gegeben, in den Hauptrollen Klaus und Erika Mann, Gustaf Gründgens, der damalige Star der Kammerspiele, und Pamela Wedekind. Jetzt erregte das Stück Aufsehen: »Dichterkinder spielen Theater«, schrieben die Zeitungen teils boshaft, teils herablassend.

Im folgenden Jahr bekannte sich Klaus mit seinem ebenfalls bei Enoch veröffentlichten ersten Roman »Der fromme Tanz. Das Abenteuerbuch einer Jugend« öffentlich zu seiner Homosexualität, die in der Weimarer Republik unter Strafe stand, in seinem Elternhaus, wo der Vater seinen eigenen Neigungen Bürgerlichkeit und Ehe entgegensetzte, aber toleriert wurde.

Nach München kam Klaus in diesen Jahren nur selten, die unausweichliche Auseinandersetzung mit dem übermächtigen Vater hatte inzwischen literarische Formen angenommen. In der Novelle »Unordnung und frühes Leid« (1926) hatte der berühmte Autor ein unverkennbares, wenig schmeichelhaftes Porträt seines ältesten Sohnes gezeichnet, in der Figur des 17-jährigen Bert, der sich »so bald wie möglich ins Leben« stürzen will, um »Tänzer oder Kabarett-Rezitator oder aber

Kellner« zu werden. Klaus revanchierte sich in seiner »Kindernovelle« (1926), die das Familienleben in Bad Tölz schilderte – und die Affäre der verwitweten Mutter mit einem jungen Liebhaber.

In diesem Jahr heiratete Erika, die auch eng mit Pamela befreundet war, Gustaf Gründgens, am 24. Juli vor dem Standesamt München I. Der Schauspieler hatte ganz konventionell bei ihrem Vater um ihre Hand angehalten. Thomas Mann war Trauzeuge. Die Feier fand im Hotel Kaiserin Elisabeth in Feldafing statt. Am Ende seiner Rede bot Thomas Mann – ungewöhnlich für ihn – seinem Schwiegersohn das Du an. Weihnachten 1926 schenkte er ihm einen »Schlafrock«.

In derselben Besetzung wie in der Hamburger Aufführung – Erika und Klaus Mann, Gustaf Gründgens, Pamela Wedekind – fuhren sie auf Hochzeitsreise an den Bodensee, gingen sie im folgenden Jahr mit Klaus' neuem Stück »Revue zu Vieren«, zu dem Katias Zwillingsbruder Klaus Pringsheim die Musik komponiert hatte, auf Tournee. Eine Fortsetzung der Hamburger Existenz, die auf Dauer nicht hielt. Die Ehe von Erika und Gründgens wurde 1929 geschieden, Klaus' Verlobung mit Pamela Wedekind bereits ein Jahr zuvor aufgelöst. Sie heiratete 1930 den knapp 30 Jahre älteren Dramatiker Carl Sternheim. Die Geschwister stürzten sich weiter in rasantem Tempo in die modernen Zeiten, ohne die Sicherheit eines bürgerlichen Daseins, aber von zu Hause ausgestattet mit dessen finanzieller Basis. So unternahmen sie gemeinsam zwischen Oktober 1927 und Juli 1928 eine Weltreise, die sie durch die USA, nach Hawaii, Japan, Korea und in die Sowjetunion führte und die sie in einem bei S. Fischer erschienenen Reisebericht beschrieben (»Rundherum. Das Abenteuer einer Weltreise«, 1929). Danach arbeitete Erika neben verschiedenen Schauspielengagements auch als Journalistin und verfasste das Theaterstück »Hotels« (1929). Auch jetzt hielt Thomas Mann, für den die Eskapaden seiner ältesten Kinder in den Feuilletons peinliche Züge annahmen, an seinem Grundsatz der Nichteinmischung fest, so Klaus Mann: »Wie fragwürdig und gewagt wir es auch treiben mochten, er schaute zu.«

GOLO – DER PFADFINDER

Golos Entwicklung verlief in ruhigeren Bahnen, wenn auch unglücklicher. Er war ein ungeliebtes Kind, verstimmte den Vater durch seine Anwesenheit, musste sich anhören, dass er hässlich sei. Er hatte zwischen 1918 und 1922 in München das Wilhelmsgymnasium besucht, dann bis zum folgenden Jahr das alte Realgymnasium. Im Alter von elf Jahren schloss er sich 1921 den Pfadfindern an – auf der Suche nach einem »zur Familie und zur Schule [...] dritten, grundverschiedenen Lebenskreis«, wie er später schrieb – ein erster Ausbruchsversuch.

Er tat nun Dienst in grauer Joppe, marschierte mit 60 Jungen durch die Aubinger Lohe, sang Landsknechtslieder, lagerte an irgendeinem Waldrand, las vaterländische Balladen von Theodor Körner, unternahm »Fahrten« nach Franken oder Österreich. Ostern 1923 aber wechselte er auf die Internatsschule Schloss Salem am Bodensee. Der Aufenthalt fern dem einschüchternden Elternhaus tat seiner Entfaltung gut, entfremdete ihn aber auch der Familie. Der Pädagoge Kurt Hahn, der das Internat Salem 1920 zusammen mit Prinz Max von Baden, dem letzten Reichskanzler vor der Revolution, gegründet hatte, beeindruckte ihn nachhaltig. Golo spielte Theater, gab in Schillers »Wallenstein« den berühmten Heerführer, der ihn später auch als Historiker beschäftigen sollte, interessierte sich für Politik und gesellschaftliche Fragen. 1927 legte er sein Abitur mit der Gesamtnote »ziemlich gut« ab, in der hervorragenden Deutschprüfung wurde er auch über den »Zauberberg« befragt. Die Eltern schenkten ihm 50 Mark, viel Geld zu dieser Zeit. Bis 1933 studierte er nun, zunächst in München Jura, wo er die Distanz zum Elternhaus deutlicher als je zuvor erfuhr: »Einsamkeit drinnen, Einsamkeit auch zu Hause. Den Eltern hatte ich mich während der Salemer Zeit mehr und mehr entfremdet; nie hatten wir einander so wenig zu sagen wie während jenes ersten Semesters.« Stattdessen besuchte er seine Großmutter Hedwig Pringsheim zum Tee, sie half ihm durch Anteilnahme.

Nach einem Semester nahm er ein Studium der Geschichte und Philosophie in Berlin auf, wo sein Onkel Heinrich seit seiner Trennung von Maria Kanová im Jahr 1928 lebte. Die Ehe war 1930 geschieden worden, Maria mit der gemeinsamen Tochter Leonie nach Prag gezogen. In Berlin wohnte inzwischen auch Bruno Walter mit seiner Familie, der ehemalige Nachbar aus dem Herzogpark, außerdem Samuel Fischer, der Verleger des Vaters. Golo befreundete sich in Berlin mit der Schriftstellerin Ricarda Huch.

Im Sommer 1928 trieb er Sprachstudien in Paris und arbeitete einige Wochen im Braunkohlebergwerk in Schipkau in der Niederlausitz. Als Mitglied des auf Kurt Hahns Wunsch gegründeten »Altsalemer Bundes« waren ihm Pflichten dieser Art auferlegt. Im Frühsommer 1929 wechselte er an die Universität Heidelberg, wo er in dem Philosophen Karl Jaspers einen weiteren prägenden Mentor fand. Hier engagierte er sich auch in der Sozialistischen Studentengruppe.

MONIKA – DIE EINZELGÄNGERIN

Monika, das zweite der »mittleren« Kinder, war wie ihre Geschwister künstlerisch begabt. Über ihr Leben in München ist wenig bekannt, selbst in ihren Lebenserinnerungen finden sich nur wenige Informationen. Sie war gern zur Volksschule in Bogenhausen gegangen, »weil sie einen neuen und wunderbaren Kontrast bildete zu dem hochindividuellen Zuhaus«, vermutete sie später. So trugen ihre Schulfreundinnen einfache Kleider und sprachen anders als sie Dialekt. In der Höheren Töchterschule am St. Annaplatz, die sie seit 1920 besuchte, galt sie jedoch bald als aufsässig und faul und wurde im Frühjahr 1924 von den Eltern ebenfalls auf das Internat Schloss Salem gegeben, wo sie sich wie Golo gut aufgehoben fühlte. Sie erfuhr dort »eine moralische Selbständigkeit, ein Selbstverantwortungsgefühl, bislang unbekannt«, schrieb sie in ihren Lebenserinnerungen. Mit Abschluss der Obersekunda verließ sie im Alter von 16 Jahren im Frühjahr 1926 die Schule. Sie ging nach Lausanne, wo sie ein Klavierstudium begann, kehrte aber nach einem Jahr nach München zurück. Ab September 1927 besuchte sie dort die Kunstgewerbeschule. Zwei Jahre später wechselte sie an eine Kunstschule in Paris, zeigte ein besonderes Talent als Malerin. Der Familie stand sie wohl noch distanzierter gegenüber als Golo, mit dem sie allerdings auch nicht viel verband. Bei den Eltern war sie nicht wohlgelitten, ständig ärgerte sich ihre Mutter über die verträumte junge Frau, deren Interesse vor allem jungen Männern galt, als erstem einem Bauernsohn aus dem Allgäu. Ihre Freundin Kadidja Wedekind, Pamelas Schwester, notierte 1928 im Tagebuch, wie Monika einmal klagte, »sie friste ein trauriges Dasein. Die Großen seien berühmt, die Kleinen ulkig, aber die Mittleren seien doch einfach überflüssig, zumal der Bruder und die Schwester nicht zueinander paßten.« Auch Klaus Mann urteilte später: »Für Golo und Monika war die Lage besonders heikel.« Außerdem vertraten ihre Eltern, insbesondere Katia, die Ansicht, dass Frauen weniger zählten als Männer.

ELISABETH UND MICHAEL – DIE »KLEINEN«

Elisabeth und Michael, die Nachzügler, wuchsen in der Nachkriegszeit auf. Elisabeth, genannt Medi oder Lisa, das »Kindchen« der Hexameter-Idyllen, war der Liebling des Vaters. Er besuchte sie bei jeder Gelegenheit im Kinderzimmer, trug sie in Haus und Garten umher, schob ihren Kinderwagen im Park, ließ sie sogar im geheiligten Arbeitszimmer spielen und buk ihr »Eimer-Sand-Kuchen« hinter dem Haus. Er setzte ihr weitere literarische Denkmäler, so auch in den Erzählungen »Unordnung und frühes Leid« und »Mario und der Zauberer«. An einen Freund schrieb er, dass er sie »vom ersten Tage an mehr liebte, als die anderen vier zusammengenommen«, er wisse aber nicht warum. Sie bekam früh Klavierunterricht, besuchte wie Erika das Luisengymnasium. Mit zwölf Jahren begeisterte sie sich wie Klaus und Golo für Graf Coudenhove-Kalergis Paneuropa-Bewegung.

Dem Jüngsten, Michael (»Bibi«), schenkte der Vater wenig Aufmerksamkeit, die Mutter hingegen umso mehr. Dennoch suchte er die Liebe des Vaters, der aber schon vor der Geburt, am 28. September 1918, kaum begeistert notiert hatte: »Ein sechstes Kind? Zwischen 5 und 6 ist kein großer Unterschied, und auf wirtschaftliche Ausrüstung werden Kinder nach dem Kriege überhaupt kaum noch zu rechnen haben. [...] Abgesehen von Ks Gesundheit, habe ich eigentlich nichts dagegen einzuwenden, als daß das Erlebnis »Lisa« (sie ist in gewissem

Sinne mein erstes Kind) dadurch beeinträchtigt wird.« In »Unordnung und frühes Leid« porträtierte Thomas Mann ihn als »Beißer«, was den Elfjährigen bei der Lektüre belastete.

Anders als die Großen nannten Elisabeth und Michael ihren Vater nicht »Zauberer«, sondern »Herr Papale«. Michael imitierte den Vater, ließ sich ebenfalls einen Spazierstock schenken. Der Vater, so schrieb Michael später, »liebte die Musik und spielte Violine. So wollte ich auch Violine spielen.« Thomas Mann unterstützte ihn. Er bekam bereits als Fünfjähriger Unterricht bei der Geigerin Herma Studeny. Thomas überließ dem Neunjährigen seine Violine. Einen ersten Auftritt hatte der Schüler 1926 im Bayerischen Rundfunk zusammen mit seiner Schwester Elisabeth mit einem Violinkonzert Pietro Nardinis. Schon früh schrieb er kleine Novellen, Seemannsgeschichten. Sein Vater beriet ihn dabei. Ansonsten fand er wenig Beachtung. Verstimmungen, Trauer und Wut waren die Folge. Die Ärzte verordneten Bier gegen nervöse Störungen. Auch litt er unter Angst. Besonders vor dem Kruzifix fürchtete er sich. Seine Schwester Elisabeth berichtete später, dass ihr Vater beschlossen hatte: »Das geht nicht, das ist ein Teil unserer westlichen Kultur, und der Junge muss sich daran gewöhnen. Und hat ihm ein Kruzifix ans Kopfende seines Bettes, über sein Bett genagelt!« Angstgefühle kannten auch Golo und Monika, aber anscheinend durften sie im Hause Mann nicht gezeigt werden. Seit 1929 besuchte Michael das Wilhelmsgymnasium in München, sang im Knabenchor, trat wie sein Bruder Golo den Pfadfindern bei. 1931 wechselte er auf das Landeserziehungsheim Schloss Neubeuern, ein Internat im Alpenvorland. Die Eltern verstörte der Heranwachsende durch Trinkgelage mit fragwürdigen Kumpanen, er neigte zu Krankheiten und Unfällen. Der Vater empfand das Verhalten als »fatal«, notierte nach einem Streit: »Traurig und fremd.«

Das Haus in der Poschinger Straße blieb auch Ende der 20er-Jahre ein Mittelpunkt. Klaus Mann beschrieb die besondere Atmosphäre und Bedeutung, die auch sein Vater trotz aller Ruhebedürfnisse schätzte, später: »Jeder von uns brachte seine Freunde mit: Michael und Elisabeth, die in München zur Schule gingen, führten ihre halbwüchsigen Kameraden ein;

Monika, die stillste von uns allen, empfing ihre wenigen Intimen zum trauten Kaffeeklatsch; Golo kam aus Heidelberg, wo er bei Professor Jaspers Philosophie studierte, mit ernsten Kommilitonen. Und um Erika und mich herum gab es immer Betrieb. Manchmal glich unser Haus einem zwanglosen Hotel auf dem Lande oder dem Hauptquartier einer munteren Verschwörerbande. Es tat sich was an Intrigen, Flirts, Diskussionen, hysterischen Ausbrüchen, künstlerischen Darbietungen, nächtlichen Gelagen. Immer war etwas los: Der eine hatte Gedichte vorzulesen, der andere meldete ein Ferngespräch nach London an, während der dritte irgendjemandem eine Eifersuchtsszene machte oder außer sich geriet, weil er im Kursbuch den Abendzug nach Breslau nicht finden konnte.«

DER WELTDICHTER

Am 12. November 1929 geschah etwas Unerhörtes: Elisabeth und Michael weckten ihren Vater in seinem Arbeitszimmer aus dem Schlaf. Sie brachten ein Telegramm aus Stockholm: die Bekanntgabe der Verleihung des Literaturnobelpreises für »Buddenbrooks«, das Buch, das vor knapp 30 Jahren erschienen war. Eigentlich überrascht war er nicht. Gerüchte kursierten schon seit einigen Jahren in der Presse. Gerhart Hauptmann, dem er nun den Rang als repräsentativer Schriftsteller Deutschlands abzulaufen begann, selbst Preisträger des Jahres 1912, hatte sich schon 1923 für Thomas Mann in Stockholm eingesetzt. Am folgenden Tag gratulierte Reichskanzler Hermann Müller.

Thomas Mann, Ehrendoktor der Universität Bonn seit 1919, Mitglied der Preußischen Akademie der Künste seit 1926, von seiner Vaterstadt seitdem mit dem Professorentitel geehrt, erhielt jetzt eine Auszeichnung mit Weltgeltung, wurde von da an im Ausland als herausragender Vertreter deutscher Kultur angesehen, eine Rolle, die er gern annahm und ausfüllte. In Stockholm stand er dann am 10. Dezember im Kreise der Gelehrten – im Frack, mit dickem Schnurrbart und leicht durch den Mund atmend. Den Preis empfing er aus der Hand des schwedischen Königs Gustav V. im großen Saal des Konzerthauses. Das Orchester spielte den Triumphmarsch aus Verdis

Oper »Aida«. Am nächsten Tag speiste er im Stockholmer Schloss mit dem König, auch Nobelpreisträgerin Selma Lagerlöf war unter den Gästen. Am 13. Dezember notierte er: »Wir leben noch immer in verwirrendem Saus und Braus.«

Die Stadt München, die schon seinen 50. Geburtstag am 6. Juni 1925 mit einer offiziellen Feier im Alten Rathaussaal begangen hatte, richtete erneut im Dezember 1929 ein Festbankett für ihn aus, in der Ratstrinkstube des Neuen Rathauses. Oberbürgermeister Dr. Scharnagl hielt eine Festansprache.

Das Preisgeld betrug 200 000 Reichsmark. Ein Journalist legte Thomas Mann nahe, das Geld »draußen stehenzulassen«. Aber der Dichter legte nur einen Teil an, bezahlte die Schulden, die Erika und Klaus auf ihrer Weltreise angehäuft hatten, kaufte zwei Automobile und erfüllte den Kindern je einen Wunsch, etwa ein Grammophon für Golo und Reitstunden für Elisabeth.

NIDDEN – »ONKEL TOMS HÜTTE«

Außerdem finanzierte Thomas Mann den Bau eines Sommerhauses in Nidden auf der Kurischen Nehrung. Nachdem er und Katia in früheren Jahren die Sommerferien in Bayern verbracht hatten, fuhren sie während der 20er-Jahre zumeist nach Sylt und an die Ostsee, nach Hiddensee oder Usedom. Hier sahen die Kinder erstmals das Meer, vor allem Elisabeth war beeindruckt: »Gegen Abend, es war kühl, und ich zitterte ein wenig; teils weil es kühl war, teils aus Erregung. Wir standen am Strand. Ich, etwa fünf Jahre, an der Hand meines Vaters, und mein kleiner Bruder Michael, vierjährig. Wir schauten aufs Meer hinaus – das erste Mal in unserem Leben.« 1929 hatten Thomas und Katia vom mondänen Ostseebad Rauschen bei Königsberg aus zusammen mit Elisabeth und Michael das stille Fischerdorf Nidden entdeckt. Sie waren »von der unbeschreiblichen Eigenart und Schönheit dieser Natur, der phantastischen Welt der Wanderdünen, den von Elchen bewohnten Kiefern- und Birkenwäldern zwischen Haff und Ostsee, der wilden Großartigkeit des Strandes so ergriffen, daß wir beschlossen, uns an so entlegener Stelle, als Gegengewicht gleichsam zu unserer süddeutschen Ansässigkeit, einen festen

Wohnsitz zu schaffen«, schrieb Thomas Mann in seinem »Lebensabriß« von 1930.

Das neue Ferienziel lag gut 1000 Kilometer von München entfernt. Die Fahrt dauerte einen Tag und eine Nacht, ging über Berlin durch den Polnischen Korridor mit dem Nachtzug nach Königsberg, weiter ans Kurische Haff und per Schiff nach Nidden. Karl Schmidt-Rottluff hatte hier vor dem Weltkrieg gemalt, später Max Pechstein. Thomas Mann arbeitete schon im ersten Jahr im Strandkorb – das Papier auf den Knien, das Wasser voll Badender und den Horizont im Blick, besucht von seinen nackten Kindern – an der hellsichtig die politischen Zeichen beschreibenden Novelle »Mario und der Zauberer«, später auch an Aufsätzen und Zeitungsartikeln. Zur Reichstagswahl 1930 ließ er sich am 14. September in der Kutsche in das auf deutschem Territorium gelegene Nachbardorf Rositten fahren. Das Sommerhaus stand auf dem sogenannten Schwiegermutterberg mit Blick über das Haff. Die Ferien 1930 verbrachten die Eltern zusammen mit der 20-jährigen Monika, den elf- und zwölfjährigen Kindern Michael und Elisabeth, außerdem war eine Köchin mit ihrem Sohn dabei, und zeitweise Golo, der an seiner Dissertation über Hegel arbeitete. Die Dorfbevölkerung jubelte dem mit dem Nobelpreis Geehrten beim Einzug in »Onkel Toms Hütte«, wie das Haus bald im Volksmund hieß, zu. Wie in München arbeitete Thomas Mann auch hier regelmäßig: Nach dem Frühstück und einem Waldspaziergang schrieb er mit Blick aufs Haff. Er saß vor allem an den »Joseph«-Geschichten, einer literarischen Bearbeitung der biblischen Erzählung von Jakobs Lieblingssohn, die, inspiriert durch eine Palästina-Reise 1925, zwischen 1933 und 1943 in vier Bänden erschienen. Am späten Vormittag folgte er seiner Familie an den Strand, wo er im Strandkorb saß – weiße Hose, blaue Jacke, Kapitänsmütze – und weiterarbeitete; nachmittags dann wie in München Korrespondenz, Besuche, abends wurde Musik gehört. Michael und Elisabeth spielten mit den Fischerkindern, segelten auf dem Haff, beobachteten Elche im Wald, stiegen mit dem Vater in der berühmten Großen Düne herum. Am Ende des ersten Sommers erschienen sogar Katias Eltern, um hier den 80. Geburtstag des Geheimrats zu feiern.

NOCH EINMAL: BEKENNTNIS ZUR REPUBLIK

Thomas Mann war jetzt in der Weltliteratur angekommen, spielte eine wichtige Rolle im PEN-Club, der Anfang der 20er-Jahre gegründeten internationalen Schriftstellervereinigung. Er gratulierte George Bernhard Shaw zum 70. Geburtstag, korrespondierte mit dem italienischen Philosophen Benedetto Croce, der ihm ein Buch widmete, erhielt in München Besuch von André Gide, mit dem er einen Autoausflug an den Starnberger See unternahm, sprach auf einer Sitzung des Völkerbundausschusses für Literatur und Kunst in Genf. Überhaupt nahm er seit seinem frühen Bekenntnis zur Demokratie von Weimar regelmäßig Stellung zu gesellschaftlichen und politischen Fragen. Er hatte schon 1921 vor den Nationalsozialisten gewarnt, war neben Kurt Tucholsky und Heinrich Mann einer der wichtigsten Mahner der Republik.

In der sogenannten Münchner Kunststadtdebatte, in der es um kulturelle Defizite der Landeshauptstadt im Vergleich mit der Prinzregentenzeit und mit Berlin ging, hatte er im Jahr 1926 als Repräsentant der liberalen bürgerlichen Mitte zusammen mit anderen Intellektuellen das kulturfeindliche Klima kritisiert und die politische Rechte dafür verantwortlich gemacht. In seiner Rede auf der Kundgebung »Kampf um München als Kulturzentrum« am 30. November bezeichnete er die Landeshauptstadt, die er bereits 1923 »die Stadt Hitlers« genannt hatte, als einen »Hort der Reaktion«, »Sitz aller Verstocktheit und Widerspenstigkeit gegen den Willen der Zeit«, das heißt gegen die demokratischen und liberalen Zeitströmungen. Die einstige »Atmosphäre der Menschlichkeit, des duldsamen Individualismus«, die auch Thomas Mann um 1900 zu schätzen wusste, sei in ihr Gegenteil verkehrt.

Gegen Ende der Republik war seine gesamte Publizistik, auch die den literarischen Themen gewidmete wie die Goethe-Reden des Jubiläumsjahrs 1932, auf politische Auseinandersetzung mit den Rechtsradikalen ausgerichtet. Bei den Reichstagswahlen 1930 erhielten die Nationalsozialisten einen bedrohlichen Zuwachs an Stimmen. Sie versiebenfachten ihren Stimmenanteil und stellten jetzt die zweitstärkste Fraktion hinter der SPD. Thomas Mann sah sich genötigt, das Wort zu erheben. Seine »Deutsche Ansprache. Appell an die Vernunft«, gehalten am 17. Oktober 1930 im Berliner Beethoven-Saal, war eine deutliche Stellungnahme zu den politischen Vorgängen in Deutschland, eine Warnung vor den Nationalsozialisten und ihrem »Fanatismus«. Er propagierte das »Zusammenwirken von Bürgertum und Sozialdemokratie«. Der frühere expressionistische Autor Arnolt Bronnen, nun ein strammer Nationalist, verursachte mit Gesinnungsgenossen eine Störaktion. Joseph Goebbels hatte zur Unterstützung 20 SA-Männer im Smoking geschickt. Thomas Mann musste über den Hinterausgang aus dem Saal gebracht werden, geführt von Bruno Walter.

Der berühmte Autor geriet ins Visier der Rechten. Reaktionen ließen nicht auf sich warten. In München erreichten Drohbriefe und anonyme Anrufe die Poschinger Straße. Nachdem er im August 1932 in einem Artikel in der Berliner Zeitung wegen rechtsradikaler Terrorakte in Königsberg die Reichsregierung unter Franz von Papen zu entschiedenem Vorgehen gegen die »Volkskrankheit« Nationalsozialismus aufgefordert hatte, erhielt er in Nidden im August 1932 ein Paket mit einem verkohlten Exemplar der »Buddenbrooks«, eine Warnung, »mir übersandt vom Besitzer zur Strafe dafür, daß ich meinem Grauen vor dem heraufkommenden Nazi-Verhängnis öffentlich Ausdruck gegeben hatte«.

Wenige Tage nachdem der greise Reichspräsident Paul von Hindenburg Adolf Hitler zum Reichskanzler ernannt hatte, hielt Thomas Mann am 10. Februar 1933 im Auditorium Maximum der Münchner Universität die Rede »Leiden und Größe Richard Wagners«. Am nächsten Tag reiste er nach Amsterdam, von dort weiter nach Brüssel und Paris, wo er den Vortrag zu Wagners 50. Todestag wiederholen sollte. Die Reise sollte nur wenige Tage dauern, es wurden 16 Jahre daraus.

7 Exil

VON AROSA NACH SANARY-SUR-MER

Von der Vortragsreise kehrte Thomas Mann nicht nach München zurück. Am 24. Februar reiste er zusammen mit Katia von Paris nach Arosa in der Schweiz, wo sie den Winterurlaub verbringen wollten. Bereits seit seiner Rede auf der Kundgebung »Kampf für München als Kulturzentrum« im November 1926 hatte sich die Beziehung zum offiziellen München verschlechtert. Nun schlugen ihm Intrige und Hass entgegen. Am 16./17. April 1933 druckten die »Münchner Neuesten Nachrichten« einen offenen Brief unter dem Titel »Protest der Richard-Wagner-Stadt München«, der mit den Worten begann: »Nachdem die nationale Erhebung Deutschlands festes Gefüge angenommen hat, kann es nicht mehr als Ablenkung empfunden werden, wenn wir uns an die Öffentlichkeit wenden, um das Andenken an den großen deutschen Meister Richard Wagner vor Verunglimpfung zu schützen.« Initiator des Briefes war Hans Knappertsbusch, seit 1922 als Nachfolger Bruno Walters Generalmusikdirektor an der Münchner Staatsoper; zu den mehr als 40 Unterzeichnern gehörten neben NDSAP-Politikern auch alle wichtigen Kulturträger der Stadt, etwa der Dirigent und Komponist Hans Pfitzner, der Generalintendant Clemens von Frankenstein, Staatstheaterdirektor Arthur Bauckner, der Komponist Richard Strauss, der »Simplicissimus«-Karikaturist Olaf Gulbransson.

Schon im März waren Erika und Klaus noch einmal aus der Schweiz nach München gefahren, hatten aber die Eltern telefonisch vor einer Rückkehr gewarnt, bevor sie selbst ins Ausland gingen, Klaus nach Paris, Erika mit den »Joseph«-Manuskripten zu ihren Eltern in die Schweiz. Thomas Mann erfuhr von Verhaftungen und anderen brutalen Übergriffen nach dem Reichstagsbrand. Auch Katias Eltern warnten in Briefen. Die Einrichtung von Konzentrationslagern, die Terrormaßnahmen gegen Juden, der »Tag von Potsdam«, das Ermächtigungsgesetz waren deutliche Zeichen. Dennoch ließen die Eltern Elisabeth auf ihren Wunsch aus den Ferien nach München zurückkehren, um weiter zur Schule zu gehen. Im März trat Thomas Mann aus verschiede-

Familie Thomas Mann in München, Fotografie von 1930

nen Verbänden und Vereinen aus, verließ auch die »gleichgeschaltete« Sektion Dichtkunst der Akademie der Künste, wurde seinerseits ausgeschlossen, etwa aus dem Münchner Rotary-Club.

Die Nachricht vom »Protest-Artikel« erreichte ihn in Lugano. Im Tagebuch notierte er am 19. April, zwei Tag nach dem Erscheinen: »Heftiger Choc von Ekel und Grauen, durch den der Tag sein Gepräge erhielt. Entschiedene Befestigung des Entschlusses, nicht nach M. zurückzukehren.«

In München hielt Golo, der sich auf das Staatsexamen für das höhere Lehramt vorbereiten wollte, seit März die Stellung. Seine Eltern hatten ihm die Aufsicht über Haus und Besitz übertragen. Er kam mehrfach in die Schweiz, um die Lage zu erörtern, auch, um Elisabeth wieder außer Landes zu bringen. In München löste er Konten der Eltern auf, konnte 60 000 Mark in 100-Mark-Scheinen abheben, bis ihm weitere Auszahlungen verweigert wurden. Glücklicherweise hatte Thomas Mann 1930 die Hälfte der Nobelpreissumme in der Schweiz angelegt, so dass auch in der Emigration keine Not herrschte, im Gegenteil. Der Verlag zahlte weiterhin Honorare, auch die Auslandstantiemen trugen zur Kontinuität der bürgerlichen Existenz bei.

Golo schickte einen Teil der Bibliothek in die Schweiz, auch die Arbeitsmaterialen zu den »Joseph«-Romanen. Thomas Manns Archivarin Ida Herz sandte Pakete mit Schallplatten, Silber, Porzellan. Vor allem aber sollte Golo die Tagebücher der Jahre 1896 bis 1933 seines Vaters retten, die in rund 50 Bänden noch immer im Haus lagerten, persönlich und politisch hochbrisantes Material. Golo erinnerte sich später: »In einem Brief hatte Thomas Mann mich gebeten, ihm einige Bündel und Notizen sowie eine Anzahl von Wachstuchheften, die sich da und da in seinem Arbeitszimmer befanden, in einem Handkoffer als Frachtgut nach Lugano zu schicken: ›Ich rechne auf Deine Diskretion, daß Du nichts von diesen Dingen lesen wirst.‹ Eine Ermahnung, die ich so ernst nahm, daß ich mich in seinem Zimmer einschloß, während ich die Papiere verpackte.«

Der Chauffeur der Familie, der sich anbot, den 38 Kilogramm schweren Koffer zum Bahnhof zu bringen, erwies sich als untreu und informierte die Behörden. In Lindau öffnete ein eifriger Grenzpolizist den Koffer, schickte zwar die obenauf liegenden Verlagsverträge nach München zur Polizei und zum Finanzamt, ließ aber die Tagebücher unangetastet, vermutlich, weil er sie für literarische Manuskripte hielt.

Während der folgenden Wochen ließ Thomas Mann einen Rechtsanwalt nach dem Koffer forschen, voll »Schreckensgedanken«, denn die Tagebücher enthielten »die Geheimnisse meines Lebens. Sie sind schwer und tief. Furchtbares, ja Tödliches kann geschehen.« Doch der Lindauer Grenzbeamte sandte den Koffer bald mit den aus München zurückgeschickten Verträgen nach Lugano weiter. Er erreichte Thomas Mann am 19. Mai in Bandol an der Côte d'Azur.

Inzwischen hatten SA-Männer das Haus in der Poschinger Straße durchsucht, angeblich nach Waffen. Am 26. April beschlagnahmten sie die Automobile, eine Horch-Limousine und einen Buick-Phaeton sowie Golos DKW. Die 60 000 Mark, die Golo auf dem Dachboden versteckt hatte, fanden sie jedoch nicht. Am nächsten Tag floh er zu seinen Eltern, reiste aber bald nach Berlin, wo er sich drei Wochen lang aufhielt, die Bücherverbrennung auf dem Opernplatz aus nächster Nähe erlebte, bei der auch die Bücher seines Bruders Klaus und seines Onkels Heinrich verbrannt wurden, nicht jedoch die seines Vaters. Er müsse es »nachgerade beklagen, als Deutscher geboren zu sein«, hielt er im Tagebuch fest. Am 30. Mai verließ er Deutschland endgültig. Die 60 000 Mark gelangten in einem französischen Diplomatenkoffer über die Grenze.

Michael war schon an Ostern, Mitte April 1933, von einer Klassenfahrt nach Rom in die Schweiz zu seinen Eltern gereist, so dass die Familie beinahe vollzählig war. Da die Rückkehr nach Deutschland vorerst nicht möglich schien, suchten die Manns nach einem passenden Wohnort. Von Arosa über Lugano und Bandol zogen sie nach Sanary-sur-Mer, einer frühen »Hauptstadt der deutschen Exilliteratur«, in der sich ein Kreis von Emigranten gebildet hatte. Neben Thomas und Heinrich, Golo, Erika und Klaus Mann hielten sich hier zeitweilig Annette Kolb, René Schickele, Arnold Zweig, Lion Feuchtwanger, Bertolt Brecht, Joseph Roth, Stefan Zweig und Franz Werfel auf.

Nach der Hausdurchsuchung im April hatte sich Thomas Mann beim bayerischen Reichsstatthalter Franz Ritter von Epp beschwert. Nun griff Reinhard Heydrich, Leiter des Sicherheitsdienstes der SS und Chef der Politischen Polizei in Bayern, höchstpersönlich in die Verfolgung des Nobelpreisträgers ein. An Ritter von Epp schrieb er über Thomas Mann und seine Haltung zu den neuen Machthabern: »Diese undeutsche, der nationalen Bewegung feindliche, marxistische und judenfreundliche Einstellung gab Veranlassung, gegen Thomas Mann Schutzhaft zu erlassen, die aber durch die Abwesenheit dessen nicht vollzogen werden kann.«

Ende Mai 1933 ließ Heydrich das gesamte Vermögen konfiszieren, Bankkonten, Pfandbriefe, Aktien, die noch bei Banken deponiert waren. Thomas Mann notierte im Tagebuch: »Die idiotische u. besessene Tücke u. Feindseligkeit gerade Münchens gegen meine Person.« Im Juli wurde der »Schutzhaft«-Befehl unterzeichnet, im August das Haus beschlagnahmt. Die Übergriffe auf sein Eigentum, die Verfolgung seiner Existenz erlebte er, der fast 40 Jahre in der Stadt gelebt, gearbeitet und eine Familie gegründet hatte, als tiefe Verletzung.

»... DASS MEINE RÜCKBERUFUNG DIE FOLGE SEIN KÖNNTE«?

Für Thomas Mann selbst war allerdings noch immer nicht alles entschieden, ja, er erwog und erhoffte anscheinend in Verkennung der politischen Realität zeitweilig seine Rückkehr nach Nazideutschland. Im Tagebuch notierte er etwa am 20. Juli 1933 im Zusammenhang mit einer publizistischen Auseinandersetzung mit dem einstigen Freund Hans Pfitzner im Anschluss an den Münchner »Protest«-Artikel, es solle »im Land selbst eine erste Kundgebung von mir erscheinen, die den Münchner Strohköpfen meine Ausstoßung, die Schuld an meiner Nicht-Rückkehr zuschiebt, die amtlichen Übergriffe gegen mein Eigentum kundmacht und damit politisch dem Kommenden vorbaut, auf der anderen Seite aber soviel Resignation u. Milde an den Tag legt, daß meine Rückberufung die Folge sein könnte. Der Widerspruch ist, daß ich ihr nicht zu folgen gedenke.«

Er strengte aus der Schweiz einen Rechtsstreit um Haus und Vermögen an, der sich beinahe zwei Jahre hinzog. Er versuchte zu retten, was zu retten war, von den Möbeln, den Familienerbstücken etwa, den wertvollen Büchern, den alten Manuskripten – ohne Erfolg. Die Handschriften verbrannten im Krieg bei einem Bombenangriff im Haus des Rechtsanwalts, Bücher wurden beschlagnahmt, kamen in die Stadtbibliothek. Und die SA fuhr nun mit den vornehmen Horch- und Phaeton-Limousinen zu ihren Terroreinsätzen. Es blieb bei der Enteignung, obwohl Thomas Mann 97 000 Mark »Reichsfluchtsteuer« zahlte. Heydrich unterzeichnete im Juli 1935 den Ausbürgerungsantrag, den Hitler im folgenden Jahr persönlich befürwortete.

Denn inzwischen hatte Thomas Mann endlich sein langes Schweigen zu den Vorgängen in Deutschland gebrochen. Solange eine Aussicht bestand, Haus und Vermögen zu retten, wollte er die neuen Herren nicht durch politische Stellungnahmen reizen, hoffte selbst zuweilen immer noch auf Rückkehr. Auch erschienen seine Bücher noch in Deutschland, die ersten Romane der späteren »Joseph«-Tetralogie: 1933 »Die Geschichten Jaakobs« und im folgenden Jahr »Der junge Joseph«. Seine

Stimme sollte hörbar bleiben in Deutschland. Erst der dritte Teil, »Joseph in Ägypten«, erschien 1936 dann in Wien.

Immer wieder drängten ihn vor allem Erika und Klaus, die von Anfang an publizistisch gegen die Naziherrschaft kämpften, zu einem offenen Wort. Als der Feuilletonchef der »Neuen Zürcher Zeitung« am 26. Januar 1936 in dem Artikel »Deutsche Literatur im Emigrantenspiegel« die Autoren und ihre Werke als »jüdisch« diskriminierte, antwortete Thomas Mann am 3. Februar an gleicher Stelle mit dem »Offenen Brief an Eduard Korrodi«, in dem er sich vorbehaltlos zur Emigration bekannte und sich damit an die Seite seines Bruders stellte, der sich literarisch und publizistisch von Anfang an vehement gegen das »Dritte Reich« engagiert hatte.

Jetzt war er offiziell im Exil angekommen. Im Dezember 1936 bürgerte das Deutsche Reich einen seiner bedeutendsten Schriftsteller aus – samt Ehefrau und den vier jüngeren Kindern. Allerdings waren sie schon seit dem Vormonat Staatsbürger der Tschechoslowakei. Außerdem entzog ihm die Universität Bonn das Ehrendoktorat von 1919. Erika und Klaus war schon früher die Staatsbürgerschaft entzogen worden, Heinrich Mann hatte schon auf der ersten Ausbürgerungsliste im August 1933 gestanden. Seine Berliner Wohnung war beschlagnahmt, das Vermögen eingezogen.

Die Politische Polizei vermietete das Haus in der Poschinger Straße im Januar 1934 an eine neunköpfige Familie. Mitte September 1937 folgte die endgültige Enteignung, wurde das Deutsche Reich als Eigentümer des Hauses im Grundbuch eingetragen, einen Monat später das Land Bayern. Im Oktober wurde das Mobiliar versteigert, Bilder, Plastiken, Teppiche, auch der ausgestopfte Braunbär, den sich ein Lederwarenhändler in der Sendlinger Straße ins Schaufenster stellte.

Am 1. Dezember 1937 wurde das Haus der Rasseorganisation »Lebensborn« übergeben, die SS-Chef Heinrich Himmler gegründet hatte. 1940 erfolgte ein Umbau, es wurden drei Mietwohnungen für hohe Staatsbeamte eingerichtet. Im April 1944 beschädigten Bomben das Haus, das in der Folge unbewohnbar war, wie eine Augenzeugin, die spätere Frau des

Schriftstellers Hermann Lenz, beschrieb: »Eine Sprengbombe ging etwa in 10 m Entfernung nieder, ein großer Trichter war auf der Strasse und die Bäume, die Alleebäume aus ›Herr und Hund‹ waren zerfetzt. Der Zaun ist weggerissen, die Terrasse zerstört und der Seitenflügel, das Dach kaputt und drinnen ist alles ein einziger Trümmerhaufen.«

Das Ferienhaus in Nidden, das nach 1933 zuweilen noch an Feriengäste vermietet werden konnte, wurde nach dem Anschluss des Memellandes im März 1939 beschlagnahmt. 1941 kam es als »Jagdhaus Elchwald« in den Besitz Hermann Görings, der es allerdings anscheinend nie besuchte, dafür aber Luftwaffenoffiziere und Rüstungsminister Albert Speer.

Thomas Mann und seine Familie bezogen im September 1933 ein Haus in Küsnacht am Zürichsee, wo sie bis 1938 lebten. Die alte bürgerliche Existenz sollte nach den unruhigen Anfangsmonaten wiederhergestellt werden. Ein Auto wurde angeschafft, ein Fiat, »da ich zu dieser Marke, die unsere erste war, Vertrauen habe«, wie der Autor in seinem Tagebuch notierte, außerdem zwei Hunde. Gleichwohl war der Bruch mit dem Alten vollkommen, wie die Begegnung mit Gerhart Hauptmann, der sich zu den Nationalsozialisten bekannt hatte, bei einem Zürcher Maßschneider zeigt, die Katia überliefert: »In einem Geschäft, dem ›London House‹ in der Zürcher Bahnhofstraße, probierte mein Mann im oberen Stock einen Anzug, als der Verkäufer kam und fragte: Wissen Sie, wer unten ist? Herr Gerhart Hauptmann. Möchten Sie ihn sehen? Mein Mann sagte: Ach, da wollen wir vielleicht doch etwas andere Zeiten erwarten.«

DIE KINDER IM EXIL

Die jüngeren Kinder beendeten in Zürich ihre Schulausbildung, Elisabeth 1937 gleichzeitig auch das Klavierstudium am Zürcher Konservatorium. Im selben Jahr erwarb Michael dort sein Lehrdiplom als Geiger und Bratschist. In dieser Zeit lernte er seine spätere Frau, die Schweizerin Gret Moser, kennen, eine Schulfreundin seiner Schwester. Die Geigenstudien setzte er in Paris fort. Monika lebte weiterhin allein in

Sanary-sur-Mer, wo sie intensiv Klavier spielte. Sie setzte das Musikstudium 1934 in Florenz fort.

Golo arbeitete zwischen September 1933 und Herbst 1935 als Hilfslektor für deutsche Literatur und Geschichte an der École Normale Supérieure in St. Cloud bei Paris, dann bis 1937 als Dozent an der Universität Rennes, bevor er Redakteur der Exilzeitschrift »Maß und Wert« in Zürich wurde.

Erika, die ihre Mutter bei der Organisation der Exilexistenz unterstützte, spielte seit September 1933 in Zürich mit ihrem Kabarett »Pfeffermühle«. Sie hatte die politisch-literarische Bühne am 1. Januar zusammen mit Klaus sowie der Schauspielerin und Freundin Therese Giehse noch in München gegründet. Ein erfolgreiches Tourneeprogramm führte sie im Winter 1933/34 durch die Schweiz, später auch durch die Tschechoslowakei, Belgien und Holland.

Klaus lebte in diesen Jahren meistens in Amsterdam, wo er die Exilzeitschrift »Die Sammlung« herausgab. Er setzte auch das frühere Reiseleben fort, fuhr an die Côte d'Azur, nach Wien, Prag, Budapest, London, verbrachte Ferien auf Mallorca. Nach Zürich kam er nur selten. In seinem Roman »Symphonie Pathétique«, der 1935 im Querido-Verlag in Amsterdam erschien, setzte er sich am Beispiel Peter Iljitsch Tschaikowskys mit der Einsamkeit des Künstlers auseinander. Das Buch handelte auch von persönlichen Erfahrungen wie Homosexualität und Todessehnsucht.

PRINGSHEIMS

Katias Eltern erging es schlecht in München. Sie mussten 1933 ihre prächtige Villa räumen. Das Palais wurde abgerissen, weil Hitler an der Arcisstraße seine Führerbauten errichten lassen wollte. In der ersten Zeit bewohnten sie eine geräumige Mietwohnung am Maximiliansplatz, mussten sich aber sehr einschränken. Zwei Jahre später wurde dem emeritierten Professor aufgrund der Nürnberger Rassegesetze die Pension gekürzt, so dass Kunstschätze verkauft werden mussten. 1937 zogen sie erneut um, in eine kleinere Wohnung in der Widenmayerstraße 35. Anfangs besuchten sie Thomas und Katia jedes Jahr im Sommer in Küsnacht. Dann wurden 1938 ihre Reisepässe eingezogen, Vermögen beschlagnahmt. Am Morgen des 21. November 1938 erschienen Polizisten und Möbelpacker, trugen Gemälde, das Renaissance-Silber, Bronzeskulpturen davon. Im Sommer des folgenden Jahres wurde die 435 Teile umfassende, legendäre Majolikasammlung Alfred Pringsheims auf Verlangen der deutschen Behörden bei Sotheby's in London weit unter ihrem Millionenwert versteigert. Für die aus der Zeit der Renaissance stammenden farbigen Keramiken erhielt Alfred Pringsheim nur 20 Prozent des Erlöses, der Rest, 2997 Pfund, fiel als Reichsfluchtsteuer an das Deutsche Reich, Voraussetzung für die Ausstellung eines Reisepasses. Im Oktober 1939 gelang es ihnen, nach Zürich auszureisen, wo sie in einer vornehmen Wohnanlage eine Dreizimmerwohnung bezogen. Alfred Pringsheim starb 1941 im Alter von 90 Jahren, seine Frau Hedwig mit 87 Jahren im folgenden Jahr.

»WO ICH BIN, IST DEUTSCHLAND«

Mitte September 1938, während in Europa die Angst vor einem neuen Krieg herrschte und der englische Premierminister Neville Chamberlain in Berchtesgaden bei Hitler versuchte, eine friedliche Lösung der »Sudetenkrise« zu erreichen, traf Thomas Mann mit Katia in Paris ein, wo er noch einmal mit seinem Bruder Heinrich zusammenkam. Am Tag zuvor hatten sie Küsnacht verlassen, das Haus aufgegeben, die Freunde auf einer letzten Lesung im Zürcher Schauspielhaus verabschiedet. »Unruhe und Ergriffenheit von dem Abschluß dieser 5 jährigen Lebensepoche«, notierte er am 15. September im Tagebuch. Zwei Tage später ging er mit Katia in Boulogne an Bord des Dampfers »Nieuwe Amsterdam«. In den Vorjahren waren sie mehrfach zu Vortragreisen in den USA gewesen. Am 24. September erreichten sie New York. Bis 1938 lebten sie in Princeton, wo Thomas Mann als Gastprofessor an der Universität tätig war, in einer gemieteten Villa, mit schwarzem Dienerehepaar, Gärtner und Waschfrau. Albert Einstein wohnte in der Nachbarschaft. Auch im Exil setzte Katia die Organisation des Alltags fort, wurde mehr denn je zur Stütze des Autors, richtete etwa das neue Haus nach seinen Gewohnheiten ein. So konnte er wenige Tage nach der Ankunft notieren: »Genaue Wiederherstellung des Schreibtisches, jedes Stück [...] genau an seinem Platz wie in Küsnacht u. schon in München.«

In diesen Jahren arbeitete er an dem Goethe-Roman »Lotte in Weimar«. Die Familie war nun über zwei Kontinente verstreut. Die »Poschi«, Herzogpark und Englischer Garten lagen weit zurück. Im März 1939 heiratete Michael in New York Gret Moser, Monika in London den ungarischen Kunsthistoriker Jenö Lányi. Das Klavierstudium hatte sie aufgegeben. Michael wechselte zwischen Toronto, Princeton, Brüssel. Bei Kriegsausbruch im September 1939 lebte er mit seiner Frau in London, gelangte im Februar 1940 nach Kalifornien, wo er in den folgenden Jahren seine Bratschen-Studien fortsetzte, konzertierte und selbst Stunden gab. Zwischen 1942 und 1949 spielte er als Bratscher im San Francisco Symphony Orchestra und unterrichtete am San Francisco Conservatory of Music. Elisabeth hatte im November 1939 in Princeton den aus Italien emigrierten, 36 Jahre älteren Literaturwissenschaftler und Historiker Guiseppe Antonio Borgese geheiratet. Sie lebte mit ihm in Chicago, arbeitete als seine Assistentin. Die Pianistenlaufbahn gab sie auf. 1940 und 1944 wurden die Kinder Angelica und Dominica geboren.

Klaus und Erika, die als Kriegsreporter Zeugen des Spanischen Bürgerkriegs wurde, waren ebenfalls in die USA emigriert, lebten zumeist in New York. Gemeinsam verfassten sie unter dem Titel »Escape to Life. Deutsche Kultur im Exil« eine Sammlung von Emigrantenporträts: Wissenschaftler, Politiker, Künstler. Klaus hatte noch in Europa 1936 den Roman »Mephisto« veröffentlicht, eine Abrechnung mit dem ehemaligen Schwager Gustaf Gründgens, der als preußischer Generalintendant im »Dritten Reich« zu hohen Ehren gekommen war. 1939 erschien sein Roman »Der Vulkan. Roman unter Emigranten«, der ein vielschichtiges Bild des Exils schildert. Erika hielt in zahlreichen amerikanischen Städten Vorträge über das nationalsozialistische Deutschland. Während des Krieges war sie als Korrespondentin amerikanischer, kanadischer und britischer Zeitungen und für die BBC tätig. Klaus hatte von seiner Heimat auch in der Sprache Abschied genommen. So veröffentlichte er

1942 seine Autobiografie auf Englisch unter dem Titel »The turning point«. 1943 ging er – inzwischen wie seine Schwester amerikanischer Staatsbürger – als Soldat mit einem Truppentransporter nach Übersee, wurde in Nordafrika und Italien in der psychologischen Kriegsführung eingesetzt.

Golo gelang mit seinem Onkel Heinrich und dessen zweiter Ehefrau Nelly, einer ehemaligen Bardame, sowie Franz Werfel und seiner Frau Alma die Flucht aus dem von deutschen Truppen besetzten Frankreich. Über Lissabon erreichten sie im Oktober 1940 die USA. Heinrichs erste Frau Maria, für die er in den Jahren der Emigration auch aus der Ferne gesorgt hatte, war mit der gemeinsamen Tochter Leonie im März 1939, am Tag des deutschen Einmarsches in Prag, verhaftet worden. Ab 1941 kam Maria in das Konzentrationslager Theresienstadt, die 25-jährige Leonie musste sich in Prag allein durchschlagen.

Während Heinrich sich in den USA, in der fremden Kultur nicht zurechtfand, übernahm Thomas bald die Rolle des Weltbürgers aus Deutschland. Schon bei der Ankunft hatte er einem Reporter der »New York Times« auf die Frage, ob ihn das Exil belaste, kämpferisch geantwortet: »Wo ich bin, ist Deutschland! Ich trage meine deutsche Kultur in mir. Ich stehe in Kontakt mit der Welt und betrachte mich nicht als gefallenen Menschen.«

Zwischen 1940 und 1945 wandte er sich in insgesamt rund 60 monatlichen Radioansprachen »Deutsche Hörer« über BBC an seine Landsleute, nahm Stellung zu den Ereignissen, informierte, kritisierte. Außerdem begann er nach Fertigstellung des vierten »Joseph«-Romans, »Joseph der Ernährer« (1943), die Arbeit an seinem Roman »Doktor Faustus«. Er erzählt vom Pakt des Tonsetzers Adrian Leverkühn mit dem Teufel – auch eine deutsche Geschichte, eine Abrechnung mit den Traditionen der deutschen Kultur, die dem Nationalsozialismus den Boden bereiteten.

Seit 1941 lebte er mit Katia in Pacific Palisades bei Los Angeles, bezog im folgenden Jahr eine neu errichtete Villa im Bauhausstil. Die Kinder kamen gelegentlich zu Besuch. Michael spielte abends auf der Bratsche. Auch dessen Kinder, der im »Zauberberg« verewigte Lieblingsenkel Frido und der nach einer Zangengeburt seh- und sprachbehinderte Anthony (Toni),

Emigranten in Los Angeles
In den USA fanden nach 1933 über 100 000 Emigranten Zuflucht, mehr als 20 000 von ihnen lebten im Großraum Los Angeles. Bis Anfang der 1940er-Jahre hatte sich hier eine Kolonie deutscher Emigranten herausgebildet, Schriftsteller, Musiker, Theaterleute, Filmschaffende, Wissenschaftler. Diese kulturelle Enklave, eine »Republik des Geistes«, wurde bald als »New Weimar« bekannt. Manche hatte das milde kalifornische Klima dem raueren New York vorgezogen. Die meisten aber kamen wegen der Arbeitsmöglichkeiten in der Filmindustrie Hollywoods. Bei Warner Brothers, Paramount, Metro Goldwyn Mayer (MGM), Columbia und 20th Century Fox waren zeitweilig über 1000 emigrierte Drehbuchautoren, Regisseure, Komponisten, Schauspieler, Schnittmeister, Architekten beschäftigt, zumeist mit Einjahresverträgen.

Nicht alle waren der Arbeit in der fremden Sprache und dem ungeheuren Konkurrenzdruck gewachsen, nur wenige lebten gutsituiert in den Villenvororten Beverly Hills, Santa Monica und Pacific Palisades. Die meisten fristeten ein karges Dasein, waren auf Unterstützung der Kollegen angewiesen.

Zu den deutschen Emigranten in Los Angeles, die hier auf andere europäische Künstler von Weltrang wie Artur Rubinstein, Igor Strawinski und Sergei Rachmaninow trafen, gehörten Theodor W. Adorno, Vicky Baum, Bertolt Brecht, Paul Dessau, Marlene Dietrich, Hanns Eisler, Curt Goetz, Alfred Döblin, Lion Feuchtwanger, Bruno Frank, Leonhard Frank, Hans Habe, Max Horkheimer, Otto Klemperer, Erich Wolfgang Korngold, Georg Kreisler, Emil Ludwig, Fritz Lang, Peter Lorre, Golo, Heinrich und Thomas Mann, Ludwig Marcuse, Max Ophüls, Erich Pommer, Max Reinhardt, Walter Mehring, Alfred Polgar, Erich Maria Remarque, Arnold Schönberg, Robert Siodmak, Friedrich Torberg, Helene Weigel, Franz Werfel, Alma Mahler-Werfel, Billy Wilder und Carl Zuckmayer.

wohnten zumeist während Michaels Konzertreisen regelmäßig für mehrere Wochen bei den Großeltern. Thomas las ihnen Märchen vor, wie in München Jahrzehnte zuvor seinen Kindern nun auch den Enkeln Hans Christian Andersen. Dass sich Frido für Superman begeisterte, sich sogar ein Kostüm schneidern ließ, belustigte den Zauberer.

Golo lebte zeitweise im Haus seiner Eltern, bevor er 1942 als Geschichtsdozent an die Universität Michigan ging, arbeitete an einer Biografie über den Staatsmann Friedrich von Gentz, die 1946 erschien. Auch Monika wohnte dort, traumatisiert, als störender Gast, nachdem ihr Mann am 17. September 1940 vor ihren Augen ertrunken war. Ein deutsches U-Boot hatte die »City of Benares«, die sie von Liverpool nach Halifax in Kanada bringen sollte, torpediert. Im Juli 1941 bezog sie eine eigene Wohnung, spielte wieder viel Klavier. Im folgenden Jahr wechselte sie weiter nach New York, wo sie zeitweise mit Kadidja Wedekind, der Freundin aus Münchner Zeiten, zusammenlebte und ihr Klavierstudium wieder aufnahm.

1944 erhielt Thomas Mann die amerikanische Staatsbürgerschaft und engagierte sich im Wahlkampf für eine Wiederwahl Franklin D. Roosevelts. Heinrich hingegen hatte zunächst für Warner Brothers in Hollywood als Drehbuchautor gearbeitet. Aber nachdem der Vertrag ausgelaufen war, hatte er keine ausreichenden Einkünfte mehr und verarmte, war von der Unterstützung seines Bruders Thomas abhängig. Dann nahm sich seine Frau Nelly, die seit Jahren unter Alkoholproblemen litt, von Thomas und Katia wegen ihres Verhaltens (»betrunken, laut und frech«) geschnitten wurde, am 17. Dezember 1944 in Santa Monica mit einer Überdosis Schlafmittel das Leben. Es war ihr fünfter Selbstmordversuch. Vom Leben des erfolgreicheren Bruders ausgeschlossen, vereinsamte Heinrich, auch wenn Katia sich weiter um ihn zu kümmern versuchte.

VIKTOR ALLEIN IN MÜNCHEN

Der dritte Bruder, Viktor, war in Deutschland geblieben, hatte 1933 als Verwandter der Emigrierten zunächst Repressionen befürchtet, gewisse »Unannehmlichkeiten« wohl auch erfah-

Klaus Mann in amerikanischer Uniform vor dem zerstörten Haus Poschinger Straße 1, Fotografie vom 10. Mai 1945

ren, blieb in all den Jahren Diffamierungsversuchen ausgesetzt. Dann aber arrangierten er und seine Frau sich, wurden zu Mitläufern. Viktor war weiterhin als Agrarsachverständiger der Bayerischen Handelsbank tätig, in der er, so Golo später, »nach Auszug seiner jüdischen Kollegen« Karriere machte, zum Direktor aufstieg. Er war, so Erika in Briefen an ihre Mutter, Mitglied im Nationalsozialistischen Kraftfahrkorps und Gruppenführer bei der Arbeitsfront. Viktor und Nelly Mann leisteten sich bald eine neue Wohnung in Schwabing, außerdem Urlaubsreisen nach Österreich, Italien, Jugoslawien und Nordafrika. Nur in die Schweiz ließ man sie nach Viktors späterer Darstellung nicht fahren. Mit Thomas wechselte er dennoch einige wenige Briefe, bis der Kontakt 1936 abbrach. Auch mit Heinrich hatte er keine Verbindung. Als die Machthaber ihn in die Schweiz schicken wollten, um seinen Bruder zur Rückkehr nach Deutschland zu bewegen, lehnte er nach eigenem Bekunden ab. Nach Kriegsbeginn wurde der Reserveoffizier reaktiviert und avancierte zum landwirtschaftlichen Berater der Wehrmacht, was ihn am Eintritt in die Partei hinderte. Er erlebte die Zerstörungen Münchens durch alliierte Bombenangriffe, sah, wie er in seinen Lebenserinnerungen schrieb, »das liebe alte München brennen und verderben«. Nach den berühmten Exilanten gleichen Nachnamens, Heinrich und Thomas, gefragt, leugnete er aus Angst vor Konsequenzen die Verwandtschaft.

KRIEGSENDE IN EUROPA

Als der Krieg in Europa Anfang Mai 1945 zu Ende ging, schrieb Thomas Mann im fernen Kalifornien an einer weiteren Rundfunkansprache an die deutschen Hörer. Er arbeitete in diesen Tagen intensiv an dem Roman »Doktor Faustus«. Bei Freunden las er daraus das bereits geschriebene München-Kapitel vor, »das mir und allen wohlgefiel«. In München fuhr Klaus Mann an diesem Tag in der Uniform der US-Army in der Poschinger Straße vor, um den Zustand des Hauses zu besichtigen. Sein Vater notierte über dessen Telegramm: »Das Haus mehrfach gebombt, in Umrissen erhalten, im Innern, das schon vorher verändert, vollständig zerstört. – Seltsamer Eindruck. Gut, daß ich ein neues Haus habe unter freundlicheren Zonen.« An Rückkehr dachte Thomas Mann jedenfalls nicht. Am 9. Mai, nach einer Abendgesellschaft am Strand mit dem englischen Schauspieler Charles Laughton, dem Ehepaar Werfel und anderen »Movie-Leuten«, bei Champagner und »mäßiger Kost«, hielt er im Tagebuch fest: »Plan, einen kleinen Privatstrand zu kaufen zum Arbeiten und Ruhen im Sommer.«

8 Rückkehr nach Europa

»WARUM ICH NICHT NACH DEUTSCHLAND ZURÜCKGEHE«

München besuchte Thomas Mann Ende Juli 1949 zum ersten Mal seit 1933. Er war jetzt 74 Jahre alt, Katia feierte in diesen Tagen ihren 66. Geburtstag. Es war für beide die zweite Europareise nach dem Krieg, die Rückkehr nach Deutschland 16 Jahre nach der Emigration. Mit Artikeln über »Die deutschen Konzentrationslager«, »Deutschland und die Deutschen« hatte er die überaus kritische publizistische Auseinandersetzung der Kriegsjahre auch nach der Kapitulation 1945 fortgesetzt. Anfang August 1945 hatte der Schriftsteller Walter von Molo in einem Zeitungsartikel Thomas Mann aufgefordert zurückzukehren, als »guter Arzt«, die Ursachen der Krankheit zu beheben, beim moralischen Wiederaufbau zu helfen: »Bitte, kommen Sie bald, sehen Sie in die von Gram durchfurchten Gesichter, sehen Sie das unsagbare Leid.« Wenige Tage später allerdings veröffentlichte der Schriftsteller Frank Thiess in der »Münchner Zeitung« einen Aufsatz über »Die innere Emigration«, die er gegen die »äußere« der Exilanten ausspielte, weil die Erfahrungen durch Bombenkrieg und Hunger im eigenen Land etwa reicher seien, »als wenn ich aus den Logen und Parterreplätzen des Auslands der deutschen Tragödie zuschaute«. Die Vertreter der »inneren Emigration« seien deshalb eher berufen als die unwissenden Emigranten, Deutschlands Zukunft zu gestalten. Auch äußerte er sich verächtlich über Thomas Manns Radioansprachen.

Das mussten die Exilautoren als Anmaßung und Zumutung empfinden, und eine der ersten großen kulturpolitischen Auseinandersetzungen der Nachkriegszeit war die Folge. Thomas Mann hatte bereits Anfang September mit einem offenen Brief unter dem Titel »Warum ich nicht nach Deutschland zurückgehe« Walter von Molo geantwortet. Er schrieb: »Nie vergesse ich die analphabetische und mörderische Radio- und Pressehetze gegen meinen Wagner-Aufsatz, die man in München veranstaltete und die mich erst recht begreifen ließ, daß mir die Rückkehr abgeschnitten sei.«

Nachdem er Thiess' Artikel gelesen hatte, kannte sein Zorn über diesen »Gipfel unverschämter Verfälschung« keine Grenzen. In weiteren Artikeln des Jahres 1945 begründete er mehrfach, warum er nicht nach Deutschland zurückkommen werde, erinnerte an den »Choc des Verlustes der gewohnten Lebensbasis, von Haus und Land« 1933 und seinen Weg bis zum amerikanischen Staatsbürger. An seiner Forderung, dass »Bücher, die von 1933 bis 1945 in Deutschland überhaupt gedruckt werden konnten [...] alle eingestampft werden« sollten, schieden sich im Streit um »innere« und »äußere« Emigration fortan die Geister.

Deutsche Literatur nach 1945
Nach dem Ende des »Dritten Reiches« gab es in Deutschland auch im Bereich der Literatur Brüche und Kontinuitäten. Neben den nationalsozialistischen und völkischen Autoren wie Hanns Johst und Hans Friedrich Blunck, die verstummten oder ins Abseits gedrängt wurden, traten in Westdeutschland zunächst die Vertreter der »inneren Emigration« hervor, die vorwiegend zu den Kritikern oder Gegnern des Regimes gehört hatten. Sie waren nicht emigriert und hatten zumeist weiter veröffentlichen dürfen, wie etwa Ernst Wiechert oder Ricarda Huch. In der sowjetisch besetzten Zone und später in der DDR gaben die kommunistischen Emigranten den Ton an, insbesondere Autoren, die während der Nazizeit in der Sowjetunion gelebt hatten, wie Johannes R. Becher und Willi Bredel, aber auch Bertolt Brecht und Arnold Zweig.
In Westdeutschland kam es zwischen den Vertretern der »inneren Emigration« und Exilautoren, die hier kaum willkommen waren, zu heftigen Auseinandersetzungen, in denen Thomas Mann eine wichtige Rolle spielte. Daneben bildete sich eine Literatur der jungen Generation heraus, Autoren wie Heinrich Böll und Alfred Andersch, die einen Neuanfang beabsichtigten. Sie schrieben zunächst »Kriegs-, Heimkehrer und Trümmerliteratur«, bevor sie in der Bundesrepublik eine zeit- und gesellschaftskritische Haltung einnahmen.

Weitere Gelegenheiten und Angebote zur Rückkehr folgten. Der Bruder Viktor meldete im Dezember 1945 aus München die angeblich offiziell beschlossene Rückgabe und den bevorstehenden Wiederaufbau des Hauses Poschinger Straße 1, wohl in der Hoffnung, Thomas Mann und seine Familie würden dort einige Monate im Jahr wohnen. Aber Thomas lehnte ab, schrieb einen warnenden Brief an seinen Bruder: den Münchnern müsse klargemacht werden, dass er nicht daran denke, zurückzukehren.

Zu fremd waren ihm anscheinend die Deutschen geworden, denen er nach zwölf Jahren Diktatur, Verbrechen und Krieg im deutschen Namen nicht viel Gutes zutraute, wie er einem Freund schrieb: »Wir müssen bedenken, daß die Leute dort langsam, Jahr für Jahr, in ihren durchaus wilden und abenteuerlichen, bettelhaften und cynischen Zustand hineingeglitten und daran gewöhnt sind. Wir, plötzlich zurückverpflanzt, würden die Rolle des greenhorns dort in einer viel lächerlicheren Weise spielen, als hier, und wahrscheinlich in einem halben Jahr kaputt sein.«

Haus und Grundstück in München erhielt er dennoch zurück, im Dezember 1948 wurde er wieder als Besitzer ins Grundbuch eingetragen. Einfluss auf die Nutzung des Hauses hatte er allerdings nicht. Seit Kriegsende wohnten hier russische und ukrainische »Displaced Persons«. 1949 waren es zwölf Familien mit insgesamt 50 Personen, dazu Schweine, Ziegen, Pferde. Drei Familien wohnten allein in Thomas Manns ehemaligem Arbeitszimmer, in dem er die »Betrachtungen eines Unpolitischen«, den »Zauberberg«, den ersten »Joseph«-Roman geschrieben hatte.

ERSCHÜTTERUNGEN IM GOETHEJAHR

Im Frühjahr 1946 musste sich Thomas Mann einer Lungenkrebsoperation unterziehen, arbeitete danach intensiv weiter am Roman »Doktor Faustus«, der im folgenden Jahr bei Bermann Fischer in Stockholm erschien.

Von April bis September 1947 wagte er mit Katia eine Lese- und Vortragsreise nach London, Stockholm und in die Schweiz, die, wie die Tochter Erika später schrieb, das Ziel seiner über die Jahre beständigen »Europa-Sehnsucht« darstellte. In Zürich, wo Thomas Mann Ehrenpräsident des internationalen

»Doktor Faustus«

Thomas Mann arbeitete zwischen Mai 1943 und Januar 1947 in Pacific Palisades an seinem Roman »Doktor Faustus. Das Leben des deutschen Tonsetzers Adrian Leverkühn, erzählt von einem Freunde«, der im Verlag Bermann Fischer in Stockholm erschien.

Darin erzählt der Gymnasiallehrer Serenus Zeitblom die Lebensgeschichte seines Freundes, des 1885 geborenen Adrian Leverkühn aus Kaisersaschern an der Saale, der nach Abbruch eines Theologiestudiums zum Komponisten wird. Er geht einen Pakt mit dem Teufel ein, dem er seine Seele für einen Zuwachs an künstlerischer Kreativität verschreibt. Nach impressionistischen Anfängen erfindet er so die Zwölftonmusik, bevor er in geistige Umnachtung fällt. Er stirbt im Jahr 1940, wie Nietzsche am 25. August.

Das vielschichtige Buch knüpft als Künstlerroman an den Faust-Mythos an. Die Handlung spielt auf weiten Strecken in und bei München. Autobiografische Elemente sind eingeflossen wie Schilderungen der Wohnung in der Rambergstraße, das Leben in Polling, seine Mutter Julia, das Ehepaar Löhr ... Vor allem aber wird diese fiktive Biografie in Bezug zur Zeitgeschichte gesetzt. Es geht um Deutschlands Weg ins »Dritte Reich« und die geistigen Voraussetzungen dafür.

Daneben spielen die Musik und musiktheoretische Erörterungen eine große Rolle in diesem Roman. Thomas Mann ließ sich dabei von seinem Sohn Michael beraten, vor allem aber von dem Musiker, Komponisten und Philosophen Theodor W. Adorno, der ebenfalls in Pacific Palisades lebte.

Über die Arbeit an dem Buch schrieb Thomas Mann in einem Brief, es sei »ein Lebensbuch von fast sträflicher Schonungslosigkeit, eine sonderbare Art von übertragener Autobiographie, ein Werk, das mich mehr gekostet und tiefer an mir gezehrt hat, als jedes frühere«.

Viktor Mann, Fotografie von 1948

PEN-Kongresses war, traf er auch mit seinem Bruder Viktor zusammen, der nach Kriegsende zunächst seine Stellung in der Bank verloren, dann durch Erikas Vermittlung in München wiedererhalten hatte. Aus Amerika schickte man ihm Kleidung und Care-Pakete. Im Tagebuch notierte Thomas Mann nach dem Treffen mit Viktor: »Lügen, Vernebelung, erdrückende Umarmung.«

Im folgenden Jahr begann Thomas Mann in Pacific Palisades den Roman »Der Erwählte« und »Die Entstehung des Doktor Faustus« zu schreiben. Seine zweite Europareise dauerte vom 25. April bis zum 19. August 1949, führte über England, Schweden, Dänemark und die Schweiz auch nach Deutschland, wo in diesem Jahr zwei Staaten gegründet wurden. Es wurde eine schwere Reise. Wenige Tage vor dem Aufbruch aus den USA starb Viktor Mann überraschend in München, kurz nach

Fertigstellung seiner Lebenserinnerungen, die im Herbst des Jahres unter dem Titel »Wir waren fünf« erschienen. Und dann nahm sich Klaus im Alter von 42 Jahren am 21. Mai 1949 mit einer Überdosis Schlaftabletten in Cannes das Leben – nach Carla, Julia und Nelly der vierte Selbstmord in der Familie. Die Erschütterung der Eltern, die sich in Stockholm aufhielten, war groß, die Reise sollte abgebrochen werden. Klaus Mann hatte 1945 für »Stars and Stripes«, die Zeitung der US-Army, aus Deutschland und Österreich berichtet, war aber schon im September aus der Armee entlassen worden. Er führte das alte Wanderleben weiter, wohnte in Rom, Amsterdam, New York, Kalifornien, bevor er ab August 1948 zeitweilig als Lektor im Verlag Bermann-Fischer/Querido in Amsterdam arbeitete. Er fand aber auch keine ideelle Heimat, weder – als Exilant – im neuen Deutschland, wo noch immer der alte Geist herrschte, noch unter den früheren Gefährten des Exils, auch wenn sich sein lange angespanntes Verhältnis zum Vater in den letzten Jahren sogar gebessert hatte. Doch er fühlte sich in seiner Muttersprache nicht mehr recht zu Hause, schrieb schon seit 1942 auf Englisch, wurde aber in den USA nun als Homosexueller und »Kommunist« beargwöhnt. Seine langjährige Drogensucht, qualvolle Entziehungskuren, ausbleibender Erfolg als Schriftsteller, Geldmangel, auch Verzweiflung über die weltpolitische Entwicklung lasteten auf ihm. Am 1. Januar 1949 hatte er in seinem Tagebuch notiert: »I am not going to continue these notes. I do not wish to survive this year.« Sein Bruder Golo urteilte später: »Die Neigung zum Tod war in ihm gewesen von Anfang an, er hatte nie alt werden können oder wollen, er war am Ende.« Nur Michael nahm an der Beerdigung teil.

Statt nach Amerika zurückzukehren, setzte Thomas Mann die Reise fort. Weil er seine »Ansprache im Goethejahr« nicht nur am 25. Juli in der Frankfurter Paulskirche hielt, sondern am 1. August auch in Weimar in der Sowjetischen Besatzungszone, wurden kritische Stimmen laut. Der Nobelpreisträger erwiderte: »Ich kenne keine Zonen. Mein Besuch gilt Deutschland selbst, Deutschland als Ganzem, und keinem Besatzungsgebiet.« Er bekam nun Briefe mit Morddrohungen, reiste in

Deutschland unter Polizeischutz, wusste sich selbst bei den Gastgebern seiner Auftritte nicht sicher, fragte, »wieviel Blut wohl an all den Händen klebt, die ich heute habe drücken müssen«. Er war aus Zürich mit einem »Gefühl, als ob es in den Krieg ginge« abgereist, fuhr zunächst nach Frankfurt, hielt in der Paulskirche eine Ansprache zu Goethes 200. Geburtstag und nahm den Goethe-Preis entgegen, reiste weiter nach Stuttgart, München und Nürnberg, wo er das Parteitagsgelände der NSDAP besichtigte, zuletzt nach Weimar.

»UND ICH GINGE WIEDER ZUM AUMEISTER SPAZIEREN«

Am 28. Juli 1949 fuhren Thomas und Katia Mann durch die zerstörten Straßen Münchens, sahen die zerbombten Häuser. Sie wohnten im Hotel Vier Jahreszeiten an der Maximilianstraße. Die Bayerische Akademie der Schönen Künste ernannte den Nobelpreisträger zu ihrem Ehrenvorsitzenden. Der bayerische Kultusminister war erschienen, ebenso der Rektor der Universität. Am nächsten Tag gab Thomas Mann im Rathaus eine Pressekonferenz, sprach im Festsaal des Wirtschaftsministeriums vor Mitgliedern der Militärregierung, der bayerischen Behörden und »Vertretern des geistigen München« über »Goethe und die Demokratie«, vom Publikum »stürmisch gefeiert«, wie es im Tagebuch hieß. Auch wenn er an den Kulturreferenten Hans Ludwig Held, bei dem er sich im Januar 1950 für die Rückgabe von Büchern aus seiner im »Dritten Reich« beschlagnahmten Bibliothek bedankte, schrieb, es sei »der gemütlichste« seiner »Aufenthalte in deutschen Städten« gewesen, so ließ ihn München doch kalt. Am 4. August notierte er: »Die Stadt, zerlumpte Vergangenheit, für die wenig Herz.« Das Haus an der Poschinger Straße zu besuchen, notdürftig repariert und angefüllt mit Heimatlosen, lehnte er ab.

Auch als sich in der folgenden Zeit eine Rückkehr nach Europa abzeichnete, weil sich das politische Klima während des beginnenden Kalten Krieges in der McCarthy-Ära, den Aktivitäten des Komitees für unamerikanische Umtriebe, für liberale und sozialistische Intellektuelle verschlechterte, kam Deutschland nicht infrage. An Theodor W. Adorno, der ihm in der Emigration nahegestanden hatte, schrieb er am 1. Juli 1950: »Nach Deutschland bringen mich keine zehn Pferde. Der Geist des Landes ist mir widerwärtig.«

Die Differenzen mit den Vertretern der »inneren Emigration« waren zu verletzend gewesen, »zuviel Haß und Mißverständnis«, wie Katia später meinte. Den Ehrungen, die ihm nach und nach von offizieller Seite zuteilwurden, glaubte er nicht. Die Bundesrepublik erschien ihm als »amerikanische Lieblingskolonie«. In der DDR hingegen sah er Parallelen zur Nazizeit, etwa die FDJ mit ihrem »Friedens-Horst-Wessel-Lied«, aber auch falsches Pathos, Spruchbänder, Uniformen.

Im Februar 1950 schickte Monika ihm alte Aufnahmen aus der Poschinger Straße 1, und er notierte: »Arbeitszimmer, Eßzimmer, Diele und Salon. Noch der Schreibtisch aus der ›Verein. Werkstätten‹ mit Details, die jetzt hier. Mein Verhältnis zur Vergangenheit, peinlich und ohne Anhänglichkeit.« Das »zerstörte, entstellte Haus« besichtigte er dann auf der dritten Europareise im Juli 1951 und notierte im Tagebuch: »München sonderbarer Traum, selbstverständlich und fremd.« Er ließ es im Januar 1952 sogar noch mithilfe des bayerischen Ministerpräsidenten Wilhelm Hoegner »von den wilden Bewohnern«, wie er schrieb, befreien. Danach wurde es zwar abgerissen, aber Thomas Mann spielte noch einmal kurz mit dem Gedanken, »auf dem Münchener Grundstück ein neues Haus zu bauen«, bevor er im April endgültig konstatierte: »Deutschland kommt nicht in Betracht, es ist mir zu unheimlich, – wenn es auch das Einfachste wäre, uns auf unserem schönen Grundstück an der Isar [...] ein neueres kleines Haus zu bauen, und ich ginge wieder zum Aumeister spazieren. Wäre aber doch zu gespenstisch.« So blieben ihm nur das geistige Weltbürgertum und als Erfüllung der »Europasehnsucht« der Weg in die Schweiz, wo Ende Oktober 1952 in Erlenbach am Zürichsee ein Haus gemietet und mit geliehenen Möbeln ausgestattet wurde. Das Haus in Pacific Palisades ließ sich zu dem Zeitpunkt noch nicht verkaufen. Anderthalb Jahre später, im April 1954, zogen die Manns dann an die »letzte Adresse« ins

Michael, Katia, Erika, Thomas und Golo Mann (v. l.) während eines Europaaufenthalts, Fotografie um 1950

nahe Kilchberg. In den Niederlassungsdokumenten hatte der zuständige Schweizer Beamte als Zweck vermerkt: »Verbringung des Lebensabends«.

Dreimal war Thomas Mann noch in München. Im Sommer 1952 auf der Fahrt nach Salzburg: Thomas und Erika sprachen im Bayerischen Rundfunk, Katia begab sich auf die Suche nach der einzigartigen Kunstsammlung ihres Vaters, erfolglos, die 1938 in London versteigerten Majoliken waren in der ganzen Welt verstreut. Vor der Rückkehr nach Zürich ließ sich Thomas Mann zur Poschinger Straße fahren. »Besuch bei den Fundamenten des niedergelegten Hauses. War bewegt und gedankenverloren«, notierte er im Tagebuch. Dann kam er noch einmal im Oktober des Jahres zu einer Lesung. Thomas und Katia wohnten wie immer im Hotel Vier Jahreszeiten. Nach einem ausgedehnten Spaziergang zum Maximilianeum an der Isar traf er sich mit Viktors Frau Nelly zum Mittagessen in der Torggelstube am Platzl. In den Kammerspielen las er aus dem noch unveröffentlichten Roman »Die Bekenntnisse des Hochstaplers Felix Krull«, den er schon vor Jahrzehnten begonnen und nun seit Kurzem fortgesetzt hatte. Das Publikum war begeistert. Thomas Mann notierte »gespannteste und heiterste

Aufnahme«, »Hervorrufe, die auch der eiserne Vorhang nicht beendete«, »›Wiederkommen!‹ ›Dableiben!‹« Der Applaus setzte sich auch auf der Straße fort. »Nun, dableiben doch lieber nicht [...]. Aber die herzliche Aufnahme freute mich in Gedenken an 40 Jahre, die ich in der Stadt verbracht«, schrieb er in einem Brief. Letzte Versuche der Stadt, ihn mit Angeboten zu locken – eine Stellung als Musiker für Michael, den Bau eines Hauses für die Familie –, änderten nichts an dem Entschluss.

HEINRICH MANN UND DIE DDR

Auch Heinrich kehrte nicht nach Deutschland zurück. Nach dem Krieg veröffentlichte er seine Lebenserinnerungen unter dem Titel »Ein Zeitalter wird besichtigt« (1946), beschrieb darin seine politische Entwicklung in den wechselnden Zeitläufen. Ein Jahr zuvor brachte ein Telegramm, das sein Neffe Klaus aus Prag geschickt hatte, ein Lebenszeichen von Heinrichs erster Frau und seiner Tochter. Maria Kanová litt unter den Folgen der KZ-Haft, war abgemagert, eine Gesichtshälfte gelähmt, die Lebenskraft gebrochen. Heinrich überwies Geld und schickte Care-Pakete aus Los Angeles. Sie starb am 19. April 1946. Leonie Mann hatte die Hoffnung auf eine Schauspielkarriere aufgegeben, arbeitete beim Prager Rundfunk, heiratete 1947 den Journalisten Ludvik Aškenasy in Prag. Im März des folgenden Jahres brachte sie den Sohn Jindřich zur Welt. Heinrichs zweiter Enkel Ludvik wurde erst sechs Jahre nach seinem Tod geboren. Nach der Niederschlagung des Prager Frühlings durch die Sowjets emigrierte die Familie 1968 nach München.

Die deutschen Kommunisten der Sowjetischen Besatzungszone warben um Heinrich, drängten auf seine Rückkehr. Schon einige Tage vor der DDR-Gründung wurde Heinrich Mann der Nationalpreis verliehen. Er bekam das Preisgeld in D-Mark, die Reisekosten nach Europa in Dollar ausbezahlt. Aus Prestigegründen war er für das neue Regime unverzichtbar, sollte Präsident einer neuen Akademie der Künste in Ost-Berlin werden. Auch Thomas und Katia drängten den unglücklichen Exilanten. Doch der erfuhr auch von den ideologischen Problemen im Bereich der Kultur, fand die von Johannes R.

Becher gedichtete Nationalhymne »dämlich«, scheute vor allem die Entscheidung für eine politische Seite. Er starb am 11. März 1950 im Alter von 78 Jahren in Santa Monica an Herzversagen, bevor er wie geplant in die DDR übersiedeln konnte. Seine Urne wurde 1961 nach Ost-Berlin überführt und auf dem Dorotheenstädtischen Friedhof beigesetzt.

DIE RÜCKKEHR DER KINDER

Die 46-jährige Erika organisierte im Herbst 1952 den Umzug in die Schweiz, lebte mit ihren Eltern in Kilchberg unter einem Dach. Sie betätigte sich schon seit den Jahren im Exil als rechte Hand des Vaters, organisierte seine Reisen, überarbeitete und übersetzte seine Voträge, hatte großen Einfluss auf ihn gewonnen. Sie war bereits 1945 als Kriegsreporterin nach Europa gekommen, hatte von den Nürnberger Prozessen berichtet. Aber nach dem Ende des Krieges fand sie in den USA weniger Gelegenheit, politische Reden zu halten. Ihr Einbürgerungsantrag scheiterte im Gegensatz zu dem ihrer Eltern und Geschwister an der veränderten Situation im Kalten Krieg, in der sie den US-Behörden nicht mehr genehm war. Ihrer Enttäuschung machte sie in einem offenen Brief Luft: »Der Nazismus vertrieb mich aus meinem Geburtsland Deutschland [...]; Hitlers wachsender Einfluß in Europa veranlaßte mich, den Kontinent zu verlassen [...], und jetzt sehe ich mich – ohne eigenes Verschulden – ruiniert in einem Land, das ich liebe und dessen Staatsbürgerin zu werden ich gehofft hatte.« Seit 1952 veröffentlichte sie Kinderbücher, etwa die Serie »Die Zugvögel« (1953–1959) über den Jungen Till, der in einen berühmten Knabenchor aufgenommen wird.

Golo war im Mai 1945 nach Deutschland gekommen, wie sein Bruder Klaus in den Diensten der US-Army. Er arbeitete als Kommentator beim Radioprogramm »Voice of America«, dann beim Intelligence Service in Bad Nauheim, wo er im Januar 1946 aus dem Dienst schied. Zusammen mit anderen Emigranten war er für Radio Frankfurt tätig. Danach verantwortete er in New York die Deutschlandsendungen von »Voice of America«. 1947 wurde er im Alter von 38 Jahren Ge-

Thomas Mann auf der Maximiliansstraße nach der Matinee im Schauspielhaus, Fotografie vom 19. Oktober 1952

schichtsprofessor am Claremont College in Kalifornien, wo er bis 1958 blieb, mit längeren Unterbrechungen, die ihn nach Europa führten. So lebte er zwischen 1953 und 1955 in Zürich, schrieb politische Kommentare für die »Weltwoche«, arbeitete an historischen Studien.

Monika und Michael reisten 1949 erstmals zu Besuchen nach Europa. Drei Jahre später zog die 42-Jährige an die Riviera, dann nach Rom, wo sie Kontakt zu intellektuellen Kreisen hatte, selbst wie schon zuvor in den USA Feuilletons schrieb, bevor sie sich Ende 1954 auf die Insel Capri zurückzog. Dort lebte sie mit einem Fischer zusammen, der bald eine Bar betrieb, selbstgebastelte Schiffchen an die Touristen verkaufte. Einziger Besucher in Monikas selbstgewählter Isolation war der britische Schriftsteller Graham Greene, der in der Nähe lebte.

Der 30-jährige Michael trat seit Herbst 1949 als Solobratschist auf. Auch sein Leben war unstet. Er zog im selben Jahr mit seinen Söhnen Frido und Anthony und seiner Frau Gret zu deren Eltern nach Zollikon in der Schweiz, im Jahr darauf ins österreichische Salzkammergut, 1952 zurück in die USA, 1954 nach Italien. Monatelange Konzert- und Vortragsreisen führten ihn durch Europa, bis Japan und Indien. Anscheinend bedrohte eine Affäre mit der Schwester des Geigers Yehudi Menuhin, der Pianistin Yaltah Menuhin, zeitweilig seine Musikerkarriere und seine Ehe.

Die jüngste Schwester, Elisabeth, hatte mit ihren lebhaften Töchtern Angelica und Dominica und ihrem Mann Giuseppe Antonio Borgese, den sie bei seiner Arbeit an Plänen für eine Weltverfassung unterstützte, nach dem Krieg weiterhin in Chicago gelebt. Die Ehe war nicht glücklich, drohte wegen des schwierigen, auf die 70 Jahre zugehenden Borgese zu scheitern. Dann nahm der Literaturprofessor einen Ruf der Universität Mailand an, und die Familie übersiedelte im Oktober 1952 nach Florenz. Doch schon drei Monate später starb Borgese an einem Gehirnschlag. Elisabeth war im Alter von 34 Jahren zur Witwe geworden. Ihre Mutter reiste zur Beerdigung aus Zürich herbei, der inzwischen 77-jährige Thomas Mann konnte »die Reise bei dieser Kälte nicht wagen«.

»SELTSAM FESTLICH GERÄUSCHVOLLES ABSCHNURREN DES LEBENSRESTES«

Anscheinend hatte Thomas Mann noch für einige Zeit den Bau eines Apartmenthauses an der Poschinger Straße 1 erwogen, Baupläne lagen schon vor. Doch dann verkauften Thomas und Katia das Grundstück im Herzogpark am 8. Juni 1953. Einige Tage vor Vertragsschluss hatte der Käufer, ein Münchner Apotheker, bereits 20 000 Mark, einen Teil der Summe, Thomas Mann in Zürich übergeben. Der neue Besitzer ließ zwei Jahre später auf dem Fundament des Hauses einen Bungalow errichten, mit halbrundem Erker und einer Treppe, die in den Garten hinabführte. Heute steht an dieser Stelle ein Neubau, der sich an dem alten Vorbild der »Poschi« orientiert. Für die entgangene Nutzung an Haus- und Grundbesitz hatte Thomas Mann gleichwohl ein Entschädigungsverfahren gegen den Freistaat Bayern angestrengt. Erst nach seinem Tod sollte die Wiedergutmachungskammer Katia im Januar 1957 eine Summe von 2399 Mark zusprechen, nachdem Vertreter des Landes einen Vergleich mit peniblen Berechnungen abgelehnt hatten.

Die Trennung zwischen Thomas Mann und München, die 1933 stattgefunden hatte, als die Stadt ihn verstieß, wurde nun 20 Jahre später endgültig besiegelt. Die Worte, die er am Ende seines Lebens für die einstige Wahlheimat fand, waren jedoch milde und freundlich. Für die Glückwünsche des Münchner Oberbürgermeisters Thomas Wimmer zu seinem 80. Geburtstag bedankte er sich in einem höflichen Schreiben: »Ich bin ja München, wo ich die Hälfte meines Lebens verbrachte, von Herzen zugetan, lieber Herr Oberbürgermeister, und nie habe ich Ihrer Stadt gegrollt, auch zu Zeiten nicht wo mir Böses kam von dort, denn ich wußte wohl, daß es nicht das wahre und eigentliche München, nicht sein ›ewiger, unzerstörbarer Genius loci‹ war, von dem es mir kam. Ich versichere Sie. Wann immer ich Münchner Laute höre, Münchner Tonfall, wird es mir warm ums Herz, und allen Leuten sage ich: ›Es ist doch merkwürdig, seit ich zurück bin von drüben, habe ich doch eine ganze Anzahl deutscher Städte gesehen und wiedergesehen, aber wo ich mich am wohlsten fühlte, das war München.‹«

Aber die Ehrenbürgerwürde hatte ihm doch Lübeck verliehen, zu seinem 80. Geburtstag. Ausgerechnet die Stadt, in der viele Bürger sich noch immer über »Buddenbrooks« ärgerten, besonders aber über seine Radioansprache aus dem Exil, in der er alliierte Bombenangriffe auf Lübeck öffentlich begrüßt hatte. Die Feierlichkeiten fanden im historischen Saal des Rathauses statt, den schon sein Vater, der Senator, in offiziellen Angelegenheiten betreten hatte. Im Sommer 1953 war er zum ersten Mal seit Jahrzehnten wieder in seine Geburtsstadt gereist. Er hatte sich mit Katia vor der Fassade des zerstörten Elternhauses in der Mengstraße fotografieren lassen. Nun wohnte er in Travemünde, wo er als Kind die Sommerferien verbracht hatte, sah von seinem Hotelfenster auf die Ostsee. Im Lübecker Stadttheater hörte er »Lohengrin«, besuchte auch das Katharineum, seine ehemalige Schule, deren Lehrer ihm prophezeit hatten, »er würde wohl nie etwas Ordentliches werden«.

Für die Ehrung dankte er mit einer Erinnerung an seinen Vater: »Immer habe ich es bedauert, dass ich ihm zu Lebzeiten so wenig Hoffnung machen konnte, es möchte aus mir in der Welt noch irgendetwas Ansehnliches werden. Desto tiefer ist die Genugtuung, mit der es mich erfüllt, dass es mir heute gegönnt war, meiner Herkunft und dieser Stadt [...] doch noch etwas Ehre zu machen. Heute gibt das alte Lübeck mir in Gestalt des Dokuments, das ich hier halte, diese Ehre vor aller Welt feierlich zurück. Das ist ein großer Augenblick meines zur Rüste gehenden Lebens.«

Die letzten Lebensjahre brachten Thomas Mann zahlreiche Ehrungen. Nach dem Goethepreis aus Weimar und aus Frankfurt 1952 der Feltrinelli-Preis, 1954 der Stalin-Friedenspreis, den er jedoch ablehnte, Ehrendoktorate in Cambridge (1953), Jena (1955), Zürich (1955), das Offizierskreuz der französischen Ehrenlegion (1952), das Ordenskreuz von Oranje-Nassau (1955), die Aufnahme in den Orden Pour le Mérite (1955). Am 11. Februar 1955 feierten Thomas und Katia Mann ihre Goldene Hochzeit. Der 80. Geburtstag am 6. Juni des Jahres wurde in Zürich und Kilchberg festlich begangen. Aus der ganzen Welt erhielt der Jubilar Glückwünsche. Thomas Mann traf mit dem Bundespräsidenten Theodor Heuss zusammen, mit dem französischen Außenminister Robert Schumann. Papst Pius XII. empfing ihn zur Audienz, ebenso die niederländische Königin Juliana.

Er selbst hielt in diesem Jubiläumsjahr Reden zum 150. Todestag Schillers, den er 50 Jahre zuvor in »Schwere Stunde« porträtiert hatte – in Stuttgart und mit ausdrücklicher Billigung des Bundespräsidenten auch in Weimar, wo ihn der Kulturminister der DDR, Johannes R. Becher, einführte.

Im Juli erholte sich Thomas Mann von den Strapazen all der Feierlichkeiten an der Nordsee bei Amsterdam. Er wusste seit langem, dass sich sein Leben dem Ende zuneigte, fühlte sich als protestantischer Christ, aber an das ewige Leben glaubte er wohl nicht, schon eher an ein Weiterleben in seinen Werken. Im Oktober 1954 notierte er, nachdem er dem Bildhauer Gustav Seitz Modell gesessen hatte, im Tagebuch: »Nachdenken über die Aufstellung meiner Büste in Stein auf einem städtischen Platz in Deutschland. Dauer in Sonne, Regen und Schnee. Eigentümlich beruhigend über den Tod und die Existenz festigend. Tod, wo ist dein Stachel.«

Im Sommerurlaub befiel ihn am 18. Juli ein ziehender Schmerz im geschwollenen linken Bein, Anzeichen einer Thrombose. Ein Flugzeug brachte ihn nach Zürich. Die Behandlung im Kantonshospital schien anzusprechen, sein Zustand besserte sich allmählich. An einen Zimmernachbarn, der ihm Blumen geschickt hatte, schrieb er noch am 30. Juli in Anklängen an den »Zauberberg«: »Möge es sich weder bei Ihnen noch bei mir um eine lange Bergverzauberung handeln – nicht um sieben Jahre und auch um sieben Wochen nicht!« Er wirkte zuversichtlicher, keineswegs wie ein sterbender Greis.

Doch zwölf Tage später erlitt er einen Schwächeanfall. Die überraschten Ärzte versuchten es mit allen Mitteln, Spritzen, Transfusionen, konnten ihm aber nicht mehr helfen, als am Morgen des folgenden 12. August ein unerklärlicher, schwerer Kollaps eintrat, hervorgerufen durch einen Riss der unteren Bauchschlagader, wie die spätere Obduktion ergab. Katia fuhr sofort ins Krankenhaus, saß an seinem Bett, als Erika und Golo mittags eintrafen. Thomas Mann war bei Bewusstsein, aber sehr geschwächt, mit »unsäglich verändertem Gesicht«, wie Erika sich später erinnerte. Aber er scherzte noch mit dem Arzt. Als nachmittags Atemnot eintrat, sorgte ein Sauerstoffapparat für Erleichterung, dann Morphiuminjektionen. Thomas Mann ließ sich seine Brille reichen, schlief danach ein. Er starb um acht Uhr abends, von Katia, die an seinem Bett saß, unbemerkt. Erika berichtete später: »Es war sein ›Musikgesicht‹, das er nun meiner Mutter zuwandte, das Gesicht dessen, der auf eine zugleich versunkene und tief aufmerksame Art dem Vertrautesten und Liebsten nachhorcht.«

Trauerfeier und Beisetzung, vier Tage später auf dem Kilchberger Friedhof, hatte er sich zu Lebzeiten still und christlich gewünscht. Die Bundesrepublik hatte nur den Gesandten aus Bern geschickt. Aus der DDR war Minister Becher mit großer Delegation und dem Dichter Stephan Hermlin angereist, ihre übergroßen Kränze passten nicht durch die Kapellentür. Unter den Trauergästen saßen der junge Max Frisch, Werner Bergengruen. Hermann Hesse, der andere in der Schweiz lebende große deutsche Schriftsteller und Freund seit Jahrzehnten, kam nicht aus Montagnola, würdigte den Freund aber in einem bewegenden Nachruf. An Katia schrieb er: »Mir gab diese Todesbotschaft dasselbe Gefühl von Leere und Alleingebliebensein, wie vor einigen Jahren der Tod des letzten meiner Geschwister.«

9 »Nach-Leben«

»ICH HABE IN MEINEM LEBEN NIE TUN KÖNNEN, WAS ICH HÄTTE TUN WOLLEN«

Allein war jetzt auch Katia, die ihr Leben 50 Jahre lang auf ihren Mann ausgerichtet, die Erfolge und Niederlagen mit ihm geteilt hatte: »Trotz Kindern und Enkeln hat mein Leben nun eben doch seinen Sinn verloren«, schrieb sie bald in einem Brief. Sie hatte sich in den Dienst des großen Autors gestellt, den Alltag organisiert, die Geschäfte geführt, Korrespondenzen erledigt, sechs Kinder großgezogen. Nun blieb ihr für die noch folgenden 25 Jahre das »Nach-Leben«, wie sie oft sagte. Das Briefpapier mit der Aufschrift »Frau Thomas Mann«, das sie sich beizeiten zugelegt hatte, benutzte sie weiterhin. Die Familie kam zwar auch in den folgenden Jahren zumeist an Weihnachten zusammen, zu Familienfesten, Geburtstagen. Aber sie ließ sich von ihren Kindern nicht überreden, mehr in die Öffentlichkeit zu treten, etwa ihre Erinnerungen zu schreiben. »Dazu sage ich: In dieser Familie muß es einen Menschen geben, der nicht schreibt.« Außerdem hielt sie mit dem alten Fontane, der gesagt hatte: »›Solange man lebt, muß man leben‹, und das versuche ich jetzt halt auf meine Art.«

Klaus war schon lange tot. Elisabeth und Monika wohnten weit entfernt. Katia blieb in Kilchberg mit Erika, die sich um die Nachlässe ihres Vaters und ihres Bruders Klaus kümmerte, während ihre Mutter als »Wirtschaftshaupt« der Familie weiterhin die Einnahmen aus den Tantiemen penibel überprüfte und verwaltete. 1962 erhielt sie die Schweizer Staatsbürgerschaft. Im Alter von 84 Jahren reiste sie 1967 noch einmal nach Kalifornien, besuchte Michael und seine Frau Gret, traf alte Gefährten des Exils.

Sie litt darunter, dass zwischen ihren Kindern Streit herrschte, fühlte sich als Mutter gescheitert: der drogensüchtige Selbstmörder Klaus, die verbitterte Erika, der weltfremde Golo, der lieblose, anmaßende Michael, die »dumme« Monika. Nur zu Elisabeth fuhr sie regelmäßig nach Italien, um sich dort zu erholen. An ihren Zwillingsbruder Klaus schrieb sie im August 1961: »Was mir meine alten Tage […] vergällt, ist das mehr als unfreundliche Verhältnis meiner sämtlichen Kinder zur guten dicken Ältesten [Erika], worin sie entschieden zu weit gehen, obgleich einiger Anlaß […] vorhanden wäre. Auf der anderen Seite ist sie [Erika] maßlos empfindlich und misstrauisch, hängt dabei in übertriebenem Maß selbst an mir, was mir gar nicht recht ist, da ich beständig Rücksicht auf sie nehmen muß. Wer weiß, ob ich ohne sie nicht längst zu einem Besuch nach Japan gekommen wäre.«

DER SCHATTEN DES ZAUBERERS

Der übermächtige Thomas Mann beeinflusste das Leben seiner Kinder über den Tod hinaus. Erika hatte »des Vaters geistiges Erbe zum Zentrum ihres Lebens gemacht«, wie Katia schrieb: »Sie stand ihm von allen Kindern am nächsten.« Sie arbeitete an den Drehbüchern der Verfilmungen von »Königliche Hoheit« (1953), »Felix Krull« (1957) und »Buddenbrooks« (1959) mit, spielte in den beiden ersten in einer Nebenrolle. Nach Thomas Manns Tod veröffentlichte sie die Erinnerungen »Das letzte Jahr. Bericht über meinen Vater« (1957), zwischen 1961 und 1965 eine dreibändige Edition ausgewählter Briefe ihres Vaters, sorgte für eine Ausgabe der Werke ihres Bruders Klaus. Frido, der in Zürich zur Schule ging und dann dort studierte, wohnte ebenfalls im Kilchberger Haus und erinnerte sich später an die Underberg-Schnäpse, mit denen Erika den Abend begann: »Dazu kam der Drogen-Medikamenten-Mix, den sie nahm. Sie war dann oft nicht mehr ganz bei sich. Am Ende des Abends musste sie manchmal von ihrer alten Mutter über zwei Etagen hoch in ihr Zimmer gebracht werden.« Im Jahr 1963 schrieb sie in einem Brief: »Ich bin ein bleicher Nachlaßschatten und darf hienieden nichts mehr tun, als Briefbände, Anthologien und dergleichen meiner lieben Toten herausgeben.« Drei Jahre zuvor hatte sie sich einen Oberschenkelhalsbruch zugezogen, litt in der Folge an eingeschränkter Beweglichkeit und Atrophie. Katia unterstützte sie trotz aller Differenzen, betreute sie in den zunehmenden Krankheiten, den Folgen des jahrelangen Drogenkonsums. Auch Golo half. Sie starb am 27. August 1969 im Kantonsspital Zürich an einem Hirntumor und wurde auf dem Friedhof in Kilchberg an der Seite ihres Vaters beigesetzt. Katia, so erinnerte sich Golo, reagierte ebenso gefasst wie 1955, als sie nur im Haus, nicht aber auf der Beerdigung ihres Mannes geweint hatte.

Der Geschichtsprofessor war die eigentliche Stütze der Mutter. Golo behielt ein Zimmer im Kilchberger Haus, lebte aber 1956/57 eineinhalb Jahre in Altnau am Bodensee in einem Gasthof, wo er sein großes Werk »Deutsche Geschichte des 19. und 20. Jahrhunderts« (1958) abschloss, das sich bald zu einem Bestseller entwickelte. Im Jahr 1958 kehrte er den USA den Rücken und siedelte in die Schweiz über, wo er die Herausgeberschaft der »Propyläen-Weltgeschichte« im Ullstein-Verlag übernahm. Seine akademische Karriere setzte er als Gastprofessor in Münster fort, bevor er 1960 zum Ordentlichen Professor für Politische Wissenschaften an der Technischen Hochschule Stuttgart ernannt wurde. 1964 gab er die Professur jedoch aus gesundheitlichen Gründen wieder auf und widmete sich fortan seiner publizistischen Tätigkeit, verfasste zahlreiche Bücher, darunter als Hauptwerk die große »Wallenstein«-Biografie (1971), ein weiterer Bestseller, der zehn Jahre später sogar verfilmt wurde. Golo veröffentlichte Hunderte von Aufsätzen, Zeitschriften- und Zeitungsartikeln sowie Rezensionen, hielt Hunderte von Vorträgen, verfasste Rundfunk- und Fernsehbeiträge, gab bis zu seinem Lebensende mehr als 150 Interviews. Außerdem korrespondierte er mit bedeutenden Politikern, Historikern, Schriftstellern. Seine Bücher erschienen in zwölf Sprachen übersetzt. In seinen Werken bewegte er sich immer wieder zwischen Wissenschaft und Literatur. Über die Jahre wurde Golo Mann zu einem der einflussreichsten politischen Publizisten der Bundesrepublik, der sich in den 70er- und 80er-Jahren auch in tagespolitische Fragen einmischte, etwa in die Diskussionen über die Ostpolitik, Bildungsreformen, Terrorismus, Vergangenheitsbewältigung. Im Bundestagswahlkampf 1980 trat er öffentlich für Franz Josef Strauß ein, von Teilen der Medien stark kritisiert. Er lebte seit 1964 überwiegend im Kilchberger Haus bei seiner Mutter, die am 25. April 1980, drei Monate vor ihrem 97. Geburtstag, starb. Sechs Jahre später veröffentlichte Golo Mann seine Memoiren unter dem Titel »Erinnerungen und Gedanken. Eine Jugend in Deutschland«. Innerhalb der ersten fünf Monate wurden 100 000 Exemplare des Buches verkauft.

Im Jahr 1990 erlitt er einen Herzinfarkt, erkrankte im selben Jahr an Prostatakrebs. Zwei Jahre später siedelte er nach Leverkusen über und lebte in der Familie seines Adoptivsohns Hans Beck-Mann, einem engen Freund, den er seit dem Studium unterstützt hatte und der bereits sechs Jahre zuvor gestorben war. Noch hier schreckte er nachts aus Träumen hoch, in denen sein Vater ihn mit der Nadel stach. Wenige Tage vor seinem Tod bekannte er sich in einem Interview zu seiner Homosexualität, die er aber selten ausgelebt habe, aus Angst vor Repressionen. Er starb im Alter von 85 Jahren am 7. April 1994 in Leverkusen. »Blutsverwandte« sollten nicht zu seiner Beerdigung kommen, hatte er verfügt. Elisabeth sowie die Neffen Frido und Anthony erschienen trotzdem in Kilchberg, wo er auf seinen Wunsch nicht im Familiengrab, sondern in einem eigenen Grab beigesetzt wurde.

Nach dem Tod Monikas am 17. März 1992, die zuletzt bei Golos Adoptivangehörigen in Leverkusen wohnte, hatte sich die Familie im Prozess um ihr Erbe zerstritten. Die ungeliebte mittlere Tochter Thomas Manns hatte seit 1955 jenseits der Öffentlichkeit auf Capri mit einem Fischer zusammengelebt, hatte 1956 fast gleichzeitig mit Erika und zu deren Ärger unter dem Titel »Vergangenes und Gegenwärtiges« ein Erinnerungsbuch an ihren Vater veröffentlicht. Danach hatte sie weitere Bücher geschrieben, etwa »Der Start« (1960) über das eigene Scheitern als Pianistin, lyrische Aphorismen in »Tupfen im All« (1963). In den 70er-Jahren verfasste sie nur noch Feuilletonartikel, die in der »Neuen Zürcher Zeitung«, der »Süddeutschen Zeitung«, im New Yorker »Aufbau« und in »Konkret« erschienen. Nach dem Tod ihres Lebensgefährten 1985 war sie nach Zürich gezogen. Ein Zusammenleben mit ihrem Bruder Golo in Kilchberg scheitert wegen unterschiedlicher Vorstellung der Lebensführung.

Auch Michael lebte nicht mehr. Er war in der Neujahrsnacht 1977 im Alter von 57 Jahren an einer Mischung aus Alkohol und Barbituraten in Kalifornien gestorben, von denen er seit den frühen 60er-Jahren abhängig war. Seit einiger Zeit hatte er sich intensiv mit dem Werk seines Vaters auseinandergesetzt, zuletzt an einer Ausgabe der Tagebücher, die dem Testament gemäß seit 1975 zugänglich waren, gearbeitet, auch den Eintrag vom 28. September 1918 über das unerwünschte sechste Kind gelesen, sich erinnert, dass er nur ein einziges Mal das Arbeitszimmer des Vaters betreten hatte, an jenem Nachmittag im Jahr 1929, als er zusammen mit Elisabeth das Telegramm des Nobelpreiskomitees überbracht hatte.

Die Musikerlaufbahn hatte er, der seit 1955 im Pittsburgh Symphony Orchestra gespielt hatte, Ende der 50er-Jahre aufgegeben, wohl aus Überdruss, wie Katia meinte: »Immer den Leuten Sachen vorspielen, die sie gar nicht so gern hören, außerdem: Konzerte geben und der ganze Betrieb drumherum.« 1958 hatte er in Harvard ein Germanistikstudium begonnen, war dort 1961 mit einer Arbeit über Heinrich Heines Musikkritiken promoviert worden. Seit 1964 war er Literaturprofessor an der University of California in Berkeley, publizierte und lehrte über Heine, Schubart, Schiller, Wieland, bevor er sich dem Werk seines Vaters immer weiter näherte. Er hielt sich in den engen Universitätsräumen ungern auf, eilte durch die Gänge, zuweilen begleitet von seinen Schäferhunden. Als Gegner des Vietnamkrieges nahm er auch politisch Stellung, setzte sich für die Studenten ein, die den Kriegsdienst verweigerten.

1970 hatten seine Frau Gret und er über Mutter Teresa die siebenjährige Inderin Raju adoptiert, sie verwöhnt, nach Europa mitgenommen. Im Jahr 1975 unternahm er eine lange Reise durch zahlreiche Länder, hielt Vorträge zum 100. Geburtstag seines Vaters in Dänemark, Norwegen, Finnland, Italien, Holland, Frankreich, Griechenland – wegen eines Beinbruchs auf Krücken, die Reisetasche umgehängt, im Aktenkoffer die Tagebücher seines Vaters und eine eingebaute Whiskey-Bar. Zahlreiche Aufsätze, Festreden, Interviews kamen hinzu.

Michaels Verhältnis zu seiner Mutter, die sich in den 60er-Jahren über seinen »Germanisten-Dünkel« ärgerte, war problematisch geblieben. Seinen Tod verschwiegen Golo und Elisabeth der alten Frau zunächst, die inzwischen – depressiv und an Altersdemenz erkrankt wie ihre Mutter Hedwig – wunderlich durch das Kilchberger Haus irrte. Michael wurde im Familiengrab auf dem Kilchberger Friedhof beerdigt. Die 90-jährige Gret Mann wurde am 20. Mai 2007 tot im Swimmingpool ihres Hauses in Orinda bei Berkeley gefunden, Kratzspuren und Schürfverletzungen im Gesicht. Auch wenn der Obduktionsbefund »Tod durch Ertrinken« lautete, wird ihr Sterben wohl immer »obskur« bleiben, wie ihr Sohn Frido in einem Interview sagte.

Elisabeth überlebte ihre Geschwister um viele Jahre. Sie starb im Alter von 83 Jahren am 8. Februar 2002 in St. Moritz während eines Skiurlaubs an den Folgen einer Lungenentzündung. Mehr noch als Golo hatte das geliebte »Kindchen« ein unabhängiges Leben zu führen versucht, ein eigenständiges Werk geschaffen. Nach dem Tod ihres Ehemannes war sie mit ihren Töchtern nach Fiesole in der Toskana gezogen, wo sie ab 1955 mit ihrem neuen Lebensgefährten, dem Autor Corrado Tumiatti, lebte. Sie hatte sich mit Literatur und Kunst beschäftigt, Erzählungen geschrieben. 1963 veröffentlichte sie das Emanzipationsbuch »Ascent of woman«, auf deutsch unter dem Titel »Aufstieg der Frau – Abstieg des Mannes?« erschienen. Bis 1967 arbeitete sie zeitweise auch in Santa Barbara am Center for the Study of Democratic Institutions als wissenschaftliche Assistentin des Gründers Robert Hutchins, einem früheren Freund ihres verstorbenen Ehemanns Borgese. Dort verfasste sie in den späten 60er-Jahren einen Entwurf für eine Seerechtsverfassung. Seit dem Tod Tumiattis 1967 engagierte sie sich zusammen mit dem Malteser UN-Botschafter Arvid Pardo, ihrem späteren Lebensgefährten, für den Schutz der Weltmeere, für den sie auch ihren Anteil an den Buchtantiemen ihres Vaters aufwendete. 1970 war sie als einzige Frau unter den Gründungsmitgliedern des Club of Rome, richtete zwei Jahre später auf Malta das International Ocean Institute ein, das heute mehr als 20 Zentren in der ganzen Welt unterhält. 1975 veröffentlichte sie die Studie »Das Drama der Meere«, die in

13 Sprachen übersetzt wurde. Von 1980 an lehrte sie als Professorin Internationales Seerecht an der Universität von Halifax, wo sie unmittelbar am Atlantik wohnte. Auch sie fühlte immer noch den Einfluss des Vaters, selbst in diesem eigenen Interesse. In späteren Jahren erinnerte sie sich an ihre ersten Ferien an der See, an die Bedeutung, die der Strand, das Meer für Thomas Mann hatte: »Bald wurde mir bewusst, dass mein Vater das Meer zum Leben brauchte. Es war ein Teil seines Lebens und seiner Arbeit, und ganz sicher hat mich das beeinflusst. Heute lebe und arbeite ich am Meer. Die Aussicht von meinem Schreibtisch aus ist wie die von einem Schiff, und bei Flut umspült das Meer meinen Gartenzaun. In Nova Scotia kann man stundenlang spazieren gehen, und man begegnet keiner Menschenseele, keinem Auto, nicht einmal ein Telefonmast ist zu sehen. Nur Strand, Felsen, Wälder und natürlich das Meer.«

Sie übte als weltweit anerkannte Expertin entscheidenden Einfluss auf die UN-Seerechtskonvention von 1982 aus, ihrem Engagement ist auch die Gründung des Internationalen Seegerichtshofs in Hamburg zu verdanken. Sie setzte sich für die gerechte Verteilung der Ressourcen ein. »Wir müssen die Ozeane retten, wenn wir uns selbst retten wollen«, lautete ihr Credo. Sie veröffentlichte auch weiterhin Erzählungen und Bücher über ihr Lebensthema, zuletzt 1999 »Mit den Meeren leben. Über den Umgang mit den Ozeanen als globaler Ressource«. Über ihre Familie gab sie kaum Auskunft. Anfragen, die sie in Halifax erreichten, ließ sie unbeantwortet. Erst ein Jahr vor ihrem Tod brach sie ihr Schweigen für einen dreiteiligen Fernsehfilm, in dem sie auch noch einmal die wichtigsten Lebensschauplätze ihres Vaters aufsuchte.

»UMKLAMMERUNG DURCH DIE ÜBERMÄCHTIGE FAMILIE« – DIE ENKEL

Der Schatten des Zauberers lastete nicht nur auf seinen Kindern, sondern auch auf seinen Enkeln. Lieblingsenkel Frido Mann, durch die »Doktor-Faustus«-Figur Nepomuk Schneidewein in die Weltliteratur eingegangen, fühlte sich »missbraucht und ausgenutzt«: »Aber meine literarische Vereinnahmung war ein Tabu, über das niemand in der Familie mit mir sprechen wollte. [...] Bei mir klickte es erst, als mein Großvater schon lange tot war und ich aus der Familie ausstieg. Danach habe ich mich 20 Jahre lang geweigert, Bücher von Thomas Mann zu lesen. Ich wollte seinem Schatten und der Umklammerung durch die übermächtige Familie entkommen.«

Frido studierte nach dem Abitur 1959 in Zürich und Rom Musik, was sein Vater, der ihn ansonsten bislang nicht weiter beachtete hatte, auf das äußerste missbilligte. Dann geriet er in eine Krise, litt unter Depressionen, Todessehnsucht, quälenden Halluzinationen, nahm Tabletten. Den Halt, den seine desinteressierten Eltern ihm nicht gaben, suchte der areligiös erzogene Spross einer protestantisch-jüdischen Familie im Katholizismus. Er konvertierte, studierte in München katholische Theologie. Im Jahr 1966 heiratete er Christine Heisenberg. Auf dem Polterabend musizierten die Väter des Brautpaares gemeinsam, der Physiknobelpreisträger Werner Heisenberg am Klavier, Michael Mann an der Bratsche. Zu Katias Freude fanden hier Kunst und Wissenschaft noch einmal zusammen – wie bei ihren Eltern in der Arcisstraße vor dem Ersten Weltkrieg.

1969 wurde Frido mit einer Arbeit über »Das Abendmahl beim jungen Luther« promoviert. Neben der darauffolgenden Tätigkeit als Assistent an der Universität Münster studierte er dort Psychologie und war anschließend als Psychologe tätig. Der Schweizer Staatsbürger wurde Dozent in Leipzig, wo er sich 1981 habilitierte. Fünf Jahre später übernahm er eine Professur für Psychologie in Münster. Am Ende seines Lebens hatte Thomas Mann Erzählungen und Märchen, die Frido schrieb, redigiert, etwa in einer kurzen Geschichte, die auf dem Land spielte, bei »der Stall des Pferdes« mit Bleistift an den Rand notiert: »der Pferdestall«. »Bei einem Märchen von mir fand er die Beschreibung der Hölle zu wenig originell. Er fügte hinzu, dass man da Brennnesseln essen müsse.« Nun trat auch der Enkel als Schriftsteller hervor, im Alter von 45 Jahren mit dem autobiografischen Roman »Professor Parzival«. Später fand er in dem Exemplar, das er dem bis dahin als Vaterfigur verehrten Golo geschenkt hatte, »gehässige Randbemerkungen«. Seit 1985 veröffentlichte er sechs Romane, dazu den vielbeachteten Lebensbericht »Achterbahn« (2008). Von der Familie freischreiben aber konnte er sich wohl nicht, vom liebevollen Großvater, der die oft abwesenden Eltern vertrat. »Thomas Mann war als Elternersatz ein Retter für mich. Er hatte etwas Verlässliches, Liebes. Da war das Bewusstsein, dass man sich an den halten kann. In jeder Hinsicht das Gegenteil von meinem Vater«, erinnerte er sich später. Er verfasste mit »Mutterland« (2009) ein Buch über die Wurzeln der Familie in Brasilien, wo er sich im Geburtshaus seiner Urgroßmutter Julia da Silva Bruhns für die Einrichtung eines deutsch-brasilianischen Kulturzentrums engagierte. Auch auf der Kurischen Nehrung beteiligte er sich am Erhalt des ehemaligen Sommerhauses als internationales Begegnungszentrum; sein Buch »Mein Nidden« (2012) erzählt davon. Er wohnt heute in München.

Sein Bruder Toni hingegen lebt in Zürich, wo er bis zu seiner Frühpensionierung als Stadtgärtner arbeitete. Anders als bei seinem Bruder fehlte ihm der Ausgleich zu den distanzierten Eltern durch den Großvater. Von der Familie Mann und ihrer Geschichte hält er sich deshalb bis heute fern.

Ihre Adoptivschwester Raju erbte das verfallene Elternhaus in Orinda in Kalifornien, wo sie allein mit einer Tochter wohnen blieb.

Elisabeths Tochter Angelica wurde Physikerin, Dominica Biologin. Beide heirateten, bekamen Kinder. Heute leben die Nachkommen Thomas und Katia Manns in der Welt verstreut, in Deutschland, Italien, Großbritannien, der Schweiz, Mexiko und den USA. Die »Poschi« erstand gleich zweimal aus den Ruinen: im Jahr 2000 als Kulisse für einen Film über die Familie Mann auf dem Filmgelände in Geiselgasteig und sechs Jahre später an der früheren Poschinger Straße und jetzigen Thomas-Mann-Allee als Neubau mit nachempfundener Fassade. Das Innenleben ist nicht wiederhergestellt worden, nicht das Esszimmer der Familie, nicht die Diele, wo einst der sibirische Braunbär auf dem Treppenabsatz wachte. Er steht heute im Münchner Literaturhaus unter Glas. Und auch das Arbeitszimmer des Zauberers ist verschwunden.

Anhang

ZEITTAFEL

1840 22.8.: Thomas Johann Heinrich Mann in Lübeck geboren
1851 14.8.: Julia da Silva-Bruhns in Paraty, Brasilien, geboren
1869 Heirat von Thomas Johann Heinrich Mann und Julia da Silva Bruhns in Lübeck
1871 27.3.: Luiz Heinrich Mann in Lübeck geboren
1875 6.6.: Paul Thomas Mann in Lübeck geboren
1877 13.8.: Julia Mann in Lübeck geboren
1881 23.9.: Carla Mann in Lübeck geboren
1883 24.7.: Katharina Hedwig Pringsheim, genannt Katia, in Feldafing geboren
1889 Heinrich beginnt eine Buchhandelslehre in Dresden
1890 12.4.: Karl Viktor Mann in Lübeck geboren; Heinrich wird Volontär im S. Fischer Verlag Berlin
1891 13.10.: Tod des Vaters, die Getreidehandlung wird liquidiert
1893 Umzug der Mutter mit Julia, Carla und Viktor nach München
1894 Thomas übersiedelt nach München, Volontär der Süddeutschen Feuerversicherungsbank, dann Gasthörer an der Technischen Hochschule
1897 Thomas mit Heinrich in Rom und Palestrina
1898 Thomas wird Redakteur des »Simplicissimus«
1900 9.10.: Julia Mann heiratet Josef Löhr; Oktober: Thomas beginnt seinen Militärdienst, vorzeitige Entlassung im Dezember aus gesundheitlichen Gründen
1901 Juni: Katia Pringsheim besteht das Abitur; Oktober: Thomas' Roman »Buddenbrooks« erscheint bei S. Fischer in Berlin; Wintersemester: Katia Pringsheim studiert Mathematik und Physik in München; Eva Maria Elisabeth Löhr in München geboren
1902 Oktober: Carla beginnt ihr erstes Schauspielengagement in Zittau
1903 Viktor wechselt zum Schulbesuch nach Augsburg; Herbst: Carla wechselt ans Stadttheater Düsseldorf; Ende 1903: Julia übersiedelt nach Polling
1904 3.10.: Thomas verlobt sich mit Katia Pringsheim; Herbst: Carla hat wechselnde Engagements in Kassel, Reichenberg und Königshütte; Herbst: Julia zieht mit Viktor nach Augsburg
1905 11.2.: Thomas Mann und Katia Pringsheim heiraten in München; 9.11.: Erika Julia Hedwig Mann in München geboren; Carla spielt am Theater in Flensburg
1906 18.11.: Klaus Heinrich Thomas Mann in München geboren; Herbst: Carla am Theater in Göttingen; Julia kehrt nach Polling zurück
1907 Thomas lässt in Bad Tölz ein Landhaus bauen; Viktor Landwirtschaftsvolontär in Polling; Herbst: Carla am Theater in Mühlhausen; Rosemarie Julia und Ilsemarie Julia Löhr in München geboren
1909 27.3.: Angelus Gottfried Thomas Mann, genannt Golo, in München geboren; Viktor leistet seinen Militärdienst in einem Artillerieregiment

1910 7.6.: Monika Mann in München geboren; 30.7.: Carla begeht Selbstmord in Polling; Herbst: Viktor beginnt ein Landwirtschaftsstudium in Weihenstephan
1911 Viktor setzt sein Studium an der Technischen Hochschule München fort
1912 11.3.–25.9.: Sanatoriumsaufenthalt Katias in Davos
1914 3.1.–12.5.: Sanatoriumsaufenthalt Katias in Arosa; 4.1.: Einzug in das Wohnhaus Poschingerstraße 1; 2.8.: Viktor heiratet Magdalena Kilian (Nelly) in München; 12.8.: Heinrich heiratet Maria Kanová; Viktor zum Militär eingezogen
1915 Abbruch der Beziehungen zwischen Heinrich und Thomas
1916 10.9.: Heinrichs Tochter Carla Henriette Maria Leonie Mann in München geboren
1917 Ein Versöhnungsversuch der Brüder scheitert; Verkauf des Landhauses in Bad Tölz
1918 24.4.: Elisabeth Veronika Mann in München geboren; Dezember: Viktor aus der Armee entlassen
1919 Viktor arbeitet im Außendienst des Amtes für Milchwirtschaft in München; 21.4.: Michael Thomas Mann in München geboren; August: Thomas erhält die Ehrendoktorwürde der Universität Bonn; Herbst: Viktor wird Sachverständiger für Agrarkredite der Bayerischen Handelsbank
1922 4.4.: Josef Löhr stirbt in München; Aussöhnung zwischen Heinrich und Thomas
1923 11.3.: Tod der Mutter Julia in Weßling; Golo wechselt auf die Internatsschule Schloss Salem; Klaus wechselt auf die Odenwaldschule
1924 Erika beginnt ein Schauspielstudium in Berlin; Klaus verlässt die Odenwaldschule ohne Abschluss, verlobt sich mit Pamela Wedekind; Monika wechselt nach Salem
1925 6.6.: offizielle Festveranstaltung zu Thomas' 50. Geburtstag in München
1926 Monika studiert in Lausanne Musik; 24.6.: Hochzeit Erikas mit Gustaf Gründgens
1927 10.5.: Selbstmord Julia Löhrs in München; Golo studiert in Berlin Geschichte und Philosophie, Monika an der Kunstgewerbeschule in München; Oktober: Klaus und Erika auf Weltreise bis Juli 1928
1928 Heinrich trennt sich von Maria Kanová, zieht nach Berlin
1929 Scheidung der Ehe von Erika und Gustaf Gründgens; Golo studiert in Heidelberg; Monika besucht eine Kunstschule in Paris; 10.12.: Verleihung des Nobelpreises für Literatur an Thomas in Stockholm
1930 Februar–April: Thomas und Katia reisen nach Ägypten und Palästina; Juli/August: erstmals Ferien im neuerbauten Sommerhaus in Nidden; 17.10.: Thomas' Rede »Deutsche Ansprache« in Berlin; Heinrich lässt sich von Maria Kanová scheiden, die mit Tochter Leonie nach Prag zieht
1931 Heinrich Vorsitzender der Sektion Dichtkunst bei der Preußischen Akademie der Künste; Monika setzt ihre Ausbildung in Frankfurt a. M. fort

1932 Golo wird in Heidelberg promoviert
1933 1.1.: Erika eröffnet in München das Kabarett »Die Pfeffermühle«; 10.2.: Thomas' Vortrag »Leiden und Größe Richard Wagners« in der Münchner Univerität; 11.–23.2.: Thomas und Katia gehen auf Vortragsreise nach Amsterdam, Brüssel und Paris; 21.2.: Heinrich emigriert über Paris und Sanary-sur-Mer nach Nizza; 24.2.: Thomas und Katia im Winterurlaub in Arosa, Übersiedlung nach Lenzerheide und Lugano; 16./17.4.: »Protest der Richard Wagner-Stadt München«; Juni: Thomas und Katia bis September in Sanary-sur-Mer; 27.9.: Thomas und Katia beziehen eine Wohnung in Küsnacht bei Zürich, Erika setzt »Die Pfeffermühle« in Zürich fort; Oktober: Abriss des Palais Pringsheim in München; Golo Hilfslektor in St. Cloud
1934 Mai/Juni: Thomas' und Katias erste USA-Reise; Monika beginnt in Florenz ein Klavierstudium
1935 15.6.: Erika heiratet den englischen Dichter Wystan H. Auden, um die britische Staatsbürgerschaft zu erlangen; Juni / Juli: Thomas' und Katias zweite USA-Reise, Thomas erhält die Ehrendoktorwürde der Universität Harvard; Herbst: Golo Lektor für Deutsch an der Universität Rennes
1936 1.10.: Heinrich, Thomas, Katia, Golo, Monika, Elisabeth und Michael erhalten die tschechoslowakische Staatsbürgerschaft; 1.12.: Aberkennung der deutschen Staatsbürgerschaft; Dezember: Entzug der Ehrendoktorwürde der Universität Bonn
1937 Januar: Erika tritt mit ihrem Kabarett »The Peppermill« in New York auf, Monika zieht nach Wien; März: Klaus tschechoslowakischer Staatsbürger; April/Mai: dritte USA-Reise von Thomas und Katia; Juli: offizielle Einwanderung Erikas in die USA; Elisabeth: Abitur und Lehrdiplom für Klavier am Konservatorium in Zürich, Michael beendet dort das Geigenstudium und setzt es in Paris fort
1938 Februar–Juli: Thomas' und Katias vierte USA-Reise, Vortragstournee durch 15 amerikanische Städte; Juni/Juli: Klaus und Erika als Kriegsreporter im Spanischen Bürgerkrieg; September: Klaus emigriert in die USA; 28.9.: Thomas', Katias und Elisabeths Ankunft in Princeton, Thomas erhält Gastprofessur an der Universität Princeton; Erika: Vortragsreisen durch die USA
1939 6.3.: Michael heiratet Gret Moser in New York; 18.3.: Maria Kanová und ihre Tochter Leonie werden in Prag verhaftet, kommen erst nach drei Monaten frei; 2.3.: Monika heiratet Jenö Lányi in London; Juni–September: Thomas und Katia auf Europareise, London, Stockholm; 14.7.: Maria Kanová und ihre Tochter Leonie werden erneut verhaftet; 9.9.: Heinrich heiratet Nelly Kröger in Nizza; Herbst: Viktor wird landwirtschaftlicher Berater bei der Wehrmacht; 31.10.: Ausreise Alfred und Hedwig Pringsheims nach Zürich; 23.11.: Elisabeth heiratet Giuseppe Antonio Borgese in Princeton und übersiedelt nach Chicago; Erika: Vortragsreisen durch die USA
1940 Golo als Freiwilliger bei der französischen Armee, Internierung in Nimes; 31.7.: Michaels Sohn Fridolin (Frido) Mann in Monterey geboren; Michael Bratschist des San Francisco Symphony Orchestra; August/September: Golo, Heinrich und Nelly fliehen über Spanien und Portu-

gal nach New York, Heinrich und Nelly ziehen nach Hollywood, Los Angeles, Santa Monica; 23.9.: deutsche U-Boote versenken das Flüchtlingsschiff »City of Benares« im Atlantik, Jenö Lányi ertrinkt; 28.10.: Monika kehrt ins Elternhaus zurück; 30.11.: Angelica Borgese in Chicago geboren; Winter: Golo in Princeton bei seinen Eltern; Erika: Vortragsreisen durch die USA

1941 14./15.1.: Thomas und Katia Gäste von Präsident Roosevelt im Weißen Haus; Maria Kanová wird in das KZ Theresienstadt verschleppt; 8.4.: Thomas, Katia und Monika ziehen nach Pacific Palisades; 25.6.: Alfred Pringsheim stirbt in Zürich; Golo übersiedelt nach Pacific Palisades

1942 Februar: Thomas, Katia und Monika ziehen in das Haus am San Remo Drive in Pacific Palisades; 20.7.: Michaels Sohn Anthony (Toni) Mann geboren; 27.7.: Hedwig Pringsheim stirbt in Zürich; Herbst: Golo Dozent für Geschichte in Michigan; November: Monika zieht nach New York und setzt das Klavierstudium fort; Erika: Vortragsreisen durch die USA

1943 Juli: Erika Korrespondentin in Kairo; September: Klaus amerikanischer Staatsbürger, beginnt Militärdienst bei der US-Army; August: Golo zu US-Army einberufen; 1.11.: Golo amerikanischer Staatsbürger; Erika Kriegsberichterstatterin der US-Army im Nahen Osten

1944 5.1.: Thomas und Katia erhalten die amerikanische Staatsbürgerschaft; Januar/Februar: Klaus mit der US-Army in Casablanca und Italien; 6.3.: Dominica Borgese in Chicago geboren; Mai: Golo beim Radiosender ABC in London; Oktober: Erika Kriegsberichterstatterin in Europa; 17.12.: Nellys Selbstmord in Santa Monica

1945 10.5.: Klaus in der Poschinger Straße 1 in München; Erika als Beobachterin der Nürnberger Kriegsverbrecherprozesse; Golo beim US-Radiosender Voice of America in Bad Nauheim

1946 Golo bei Radio Frankfurt; 25.4.: Thomas' Lungenkrebsoperation in Chicago; November: Golo arbeitet für ABC in New York

1947 Erste Europareise Thomas' und Katias nach dem Krieg; 19.4.: Maria Kanová stirbt in Prag; »Doktor Faustus« erscheint; Mai/Juni: Thomas und Katia treffen in Zürich mit Viktor und Nelly zusammen; Herbst: Golo als Geschichtsprofessor am Claremont College, Kalifornien; Leonie heiratet Ludvik Aškenasy in Prag; Erika auf Vortragsreise durch die USA

1948 18.3.: Heinrichs Enkel Jindřich Mann in Prag geboren

1949 21.4.: Viktor stirbt in München; 21.5.: Klaus begeht Selbstmord in Nizza; Juli/August: Thomas' Reden im Goethe-Jahr in Frankfurt und Weimar; Michael beginnt eine Solokarriere als Bratscher, übersiedelt mit der Familie nach Zollikon/Schweiz; Heinrich erhält im September den Nationalpreis der DDR, wird zum Präsidenten der Deutschen Akademie der Künste in Ost-Berlin berufen

1950 12.3.: Heinrich stirbt in Santa Monica

1951 Erika auf Europareise

1952 Elisabeth und ihre Familie ziehen nach Florenz; Michael und Gret kehren in die USA zurück; Juni: Monika wird amerikanische Staatsbürgerin, kehrt im September nach Europa zurück, lebt in Rom; 4.10.: Giuseppe Antonio Borgese stirbt in Fiesole; Dezember: Übersiedelung von Thomas, Katia und Erika nach Erlenbach in die Schweiz

1953	Golo beginnt einen zweijährigen Europaaufenthalt, wohnt in Zürich; Herbst: Michael geht bis Frühjahr 1954 auf Weltreise (Konzerte und Vorträge)
1954	15.4.: Thomas, Katia und Erika ziehen in das neue Haus in Kilchberg bei Zürich; Frühjahr: Michael und Gret übersiedeln nach Italien; Monika zieht nach Capri, Freundschaft mit Antonio Spadaro
1955	11.2.: Goldene Hochzeit Thomas' und Katias; Mai: Thomas wird Ehrenbürger der Hansestadt Lübeck, hält Schiller-Reden in Stuttgart und Weimar; 12.8.: Thomas stirbt im Kantonsspital in Zürich; Michael als Bratscher im Pittsburgh Symphony Orchestra
1956	5.4.: Heinrichs Enkel Ludvik Mann in Prag geboren; Golo beginnt einen eineinhalbjährigen Aufenthalt in Altnau am Bodensee
1957	Michael gibt die Musikerlaufbahn auf und beginnt ein Germanistik-Studium in Harvard
1958	Golo siedelt nach Europa über, wird Gastprofessor in Münster
1959	Frido besteht in Zürich das Abitur, studiert dort Musik
1960	Golo wird Professor für Politische Wissenschaften in Stuttgart
1961	Michael wird an der Harvard University promoviert und arbeitet als Dozent an der Universität in Berkeley; Heinrichs Urne wird nach Berlin überführt
1962	Viktors Frau Magdalena Mann, geb. Kilian, stirbt
1963	Angelica Borgese heiratet
1964	Frido schließt sein Musikstudium in Rom ab, Konversion zum Katholizismus und Theologie-Studium in München
1965	Golo legt die Professur in Stuttgart nieder und übersiedelt nach Kilchberg ins Haus seiner Mutter
1966	16.8.: Frido heiratet in München Christine Heisenberg
1968	Leonie und Ludvik Aškenasy emigrieren mit ihren Kindern Ludvik und Jindřich nach München; Golo wird Schweizer Staatsbürger, erhält den Georg-Büchner-Preis; Eva Maria Löhr stirbt
1969	Frido wird in München promoviert, beginnt ein Psychologiestudium in Münster; 27.8.: Erika stirbt im Kantonsspital Zürich
1970	Michael und Gret adoptieren die Inderin Raju (geb. 13.10.1963)
1972	Frido: Studienabschluss in Münster und Tätigkeit als Diplom-Psychologe in Gütersloh; Golo adoptiert den in Leverkusen lebenden Apotheker Hans Beck
1977	1.1.: Michael stirbt in Orinda, Kalifornien
1979	Dominica Borgese heiratet; Jindřich heiratet
1980	11.2.: Katia stirbt in Kilchberg; Frido habilitiert sich in Leipzig für Psychologie
1986	Nach dem Tod ihres Lebensgefährten Antonio Sparado am 13.12.1985 zieht Monika nach Zürich; 18.3.: Ludvik Aškenasy stirbt in Bozen; 25.10.: Leonie Mann-Aškenasy stirbt in Berlin; Frido wird Professor für Psychologie an der Universität Münster
1992	17.3.: Monika stirbt in Leverkusen
1994	7.4.: Golo stirbt in Leverkusen; Rosemarie Löhr stirbt
2002	9.2.: Elisabeth stirbt in St. Moritz

Literaturverzeichnis (Auswahl)

WERKE/ZEUGNISSE

Julia Mann
Aus Dodos Kindheit. Erinnerungen. Konstanz 1958.
Ich spreche so gern mit meinem Kindern. Erinnerungen, Skizzen, Briefwechsel mit Heinrich Mann. Berlin/Weimar 1991.

Heinrich Mann
Gesammelte Werke. 24. Bde. Hg. von der Deutschen Akademie der Künste. Kommentiert von Sigrid Anger u. a. Berlin/Weimar 1965–1984.
Gesammelte Werke in Einzelbänden. Hg. von Peter-Paul Schneider. Frankfurt a. M. 1994ff.
Essays und Publizistik. Kritische Gesamtausgabe. Hg. von Wolfgang Klein. Bielefeld 2009ff.

Thomas Mann
Gesammelte Werke in dreizehn Bänden. Frankfurt a. M. 1974.
Briefe 1889–1955 und Nachlese. Hg. von Erika Mann. 3 Bde. Frankfurt a. M. 1961–1965.
Thomas Mann – Heinrich Mann. Briefwechsel 1900–1949. Hg. von Hans Wysling. Frankfurt a. M. 1968.
Briefe an Otto Grautoff 1894–1901 und an Ida Boy-Ed 1903–1928. Hg. von Peter de Mendelssohn. Frankfurt a. M. 1975.
Tagebücher. 1918–1921; 1933–1943. 5 Bde. Hg. von Peter de Mendelssohn. Frankfurt a. M. 1977–1982.
Tagebücher. 1944–1955. 5 Bde. Hg. von Inge Jens. Frankfurt a. M. 1986–1995.
Notizbücher. 2 Bde. Hg. von Hans Wysling und Yvonne Schmidlin. Frankfurt a. M. 1991/92.
Große kommentierte Frankfurter Ausgabe. Werke, Briefe, Tagebücher. Frankfurt a. M. 2001ff.

Katia Mann
Meine ungeschriebenen Memoiren. Hg. von Elisabeth Plessen und Michael Mann. Frankfurt a. M. 1974.
»Liebes Rehherz«. Briefe an Thomas Mann 1920–1950. Hg. und kommentiert von Inge Jens. München 2008.
Hedwig Pringsheim: Mein Nachrichtendienst. Briefe an Katia Mann 1933–1941. Hg. von Dirk Heißerer. Göttingen 2013.

Viktor Mann
Aufruhr. Fünfzehn Geschichten. München 1919.
Wir waren fünf. Bildnis der Familie Mann. Konstanz 1949.

Erika Mann
Plagiat. Komödie in fünf Bildern. Berlin 1931.

Jans's Wunderhündchen. Ein Kinderstück in sieben Bildern von Erika Mann und Richard Hallgarten. Berlin 1931.
Muck, der Zauberonkel. Basel 1934.
School for Barbarians. Education under the Nazis. Introduction by Thomas Mann. New York 1938; dt: Zehn Millionen Kinder. Die Erziehung der Jugend im Dritten Reich. Mit einem Geleitwort von Thomas Mann. Amsterdam 1938.
The Lights Go Down. New York 1940.
A Gang of Ten. New York 1942; dt.: Zehn jagen Mr. X. Übersetzt von Elga Abramowitz. Mit einem Nachwort von Golo Mann. Berlin 1990.
Unser Zauberonkel Muck. Augsburg 1952.
Zugvögel-Reihe: Bd. 1: Wenn ich ein Zugvogel wär. Till will singen und fliegt aus dem Nest; Bd. 2: Till bei den Zugvögeln. Auf der Lachburg singt und klingt es; Bd. 3: Die Zugvögel auf Europa-Fahrt ... und Till ist dabei; Bd. 4: Die Zugvögel singen in Paris und Rom. München 1953–1956.
Das letzte Jahr. Bericht über meinen Vater. Frankfurt a. M. 1956; Neuausgabe: Frankfurt a. M. 2005.
Briefe und Antworten 1922–1950; 1951–1969. Hg. von Anna Zanco Prestel. 2 Bde. München 1984/85.
Mein Vater, der Zauberer. Hg. von Irmela von der Lühe und Uwe Naumann. Reinbek 1996.
Blitze überm Ozean. Aufsätze, Reden, Reportagen. Reinbek 2001.

Erika und Klaus Mann
Rundherum. Berlin 1929.
Das Buch von der Riviera. Was nicht im »Baedeker« steht. München 1931.
Escape to Life. Boston 1939.
The Other Germany. New York 1940.

Klaus Mann
Vor dem Leben. Erzählungen. Hamburg 1925.
Anja und Esther. Ein romantisches Stück in sieben Bildern. Berlin 1925.
Der fromme Tanz. Das Abenteuerbuch einer Jugend. Hamburg 1926.
Kindernovelle. Hamburg 1926.
Revue zu Vieren. Komödie in drei Akten. Berlin 1926.
Kind dieser Zeit. Autobiografie. Berlin 1932.
Treffpunkt im Unendlichen. Berlin 1932.
Flucht in den Norden. Amsterdam 1934.
Symphonie Pathétique. Ein Tschaikowsky-Roman. Amsterdam 1935.
Mephisto. Roman einer Karriere. Amsterdam 1936.
Der Vulkan. Roman unter Emigranten. Amsterdam 1939.
The Turning Point. Thirty-five Years in this Century. New York 1942; dt.: Der Wendepunkt. Ein Lebensbericht. Frankfurt a. M. 1952.
Tagebücher. Hg. von Joachim Heimannsberg, Peter Laemmle und Wilfried F. Schoeller. 6 Bde. Reinbek 1995.
»Lieber und verehrter Onkel Heinrich«. Hg. von Inge Jens und Uwe Naumann. Reinbek 2012.

Golo Mann
Secretary of Europe. The Life of Friedrich Gentz, Enemy of Napoleon. New Haven 1946; dt.: Friedrich von Gentz. Geschichte eines europäischen Staatsmannes. Zürich/Wien 1947.
Vom Geist Amerikas. Eine Einführung in amerikanisches Denken und Handeln im zwanzigsten Jahrhundert. Stuttgart 1954.
Deutsche Geschichte des XIX. und XX. Jahrhunderts. Frankfurt a. M. 1958.
[Hg.:] Propyläen Weltgeschichte. Eine Universalgeschichte von den Anfängen bis zur Nachkriegszeit. 10 Bde. Berlin 1960–1964.
Wilhelm II. München/Bern/Wien 1964.
Wallenstein. Sein Leben erzählt. Frankfurt a. M. 1971.
Erinnerungen und Gedanken. Eine Jugend in Deutschland. Frankfurt a. M. 1986.
Erinnerungen und Gedanken. Lehrjahre in Frankreich. Frankfurt a. M. 1999.
Briefe 1932–1992. Hg. von Tilmann Lahme und Kathrin Lüssi. Göttingen 2006.
Man muss über sich selber schreiben. Erzählungen, Familienporträts, Essays. Hg. von Tilmann Lahme. Frankfurt 2009.

Monika Mann
Vergangenes und Gegenwärtiges. Erinnerungen. München 1956.
Der Start. Ein Tagebuch. Fürstenfeldbruck 1960.
Tupfen im All. Köln/Olten 1963.
Wunder der Kindheit. Bilder und Impressionen. Köln/Olten 1966.
Der letzte Häftling. Eine wahre Legende in onore eines (letzten) Komponisten. Lohhof 1967.
Das fahrende Haus. Aus dem Leben einer Weltbürgerin. Hg. und mit einem Nachwort von Karin Andert. Reinbek 2007 [Interviews, Texte und Briefe]

Michael Mann
[Hg.:] Heinrich Heine: Zeitungsberichte über Musik und Malerei. Frankfurt a. M. 1964.
[Hg.:] Das Thomas Mann-Buch. Eine innere Biographie in Selbstzeugnissen. Frankfurt a. M. 1965.
Heinrich Heines Musikkritiken. Hamburg 1971.
Sturm- und Drang-Drama. Studien und Vorstudien zu Schillers »Räubern«. Bern 1974.
Mann, Michael: Fragmente meines Lebens. Lebensbericht und Auswahl seiner Schriften von Frederic C. und Sally P. Tubach. München 1983.

Elisabeth Mann
To Whom it May Concern. London 1960; dt.: Zwei Stunden. Geschichten am Rande der Zeit. Hamburg 1965.
Ascent of Woman. London 1963; dt.: Aufstieg der Frau – Abstieg des Mannes? München 1965.
Beasts and Men. New York 1968; dt: Wie man mit den Menschen spricht. Hg. von Peter K. Wehrli. Zürich 1970.

The Drama of the Oceans. New York 1975; dt.: Das Drama der Meere. Frankfurt a. M. 1977.
Seafarm. The Story of Aquaculture. New York 1980.
The Mines of Neptune. Minerals and Metals from the Sea. New York 1985.
The Future of the Oceans. A Report to the Club of Rome. Montreal 1986; dt.: Die Zukunft der Weltmeere. Ein Bericht an den Club of Rome. Wien 1985.
Ocean Governance and the United Nations. Halifax 1995.
The Oceanic Circle. Governing the Seas as a Global Resource. Tokio/New York 1998; dt.: Mit den Meeren leben. Über den Umgang mit den Ozeanen als globaler Ressource. Köln 1999.
Wie Gottlieb Hauptmann die Todesstrafe abschaffte. Erzählungen. Hürth 2001.

Frido Mann
Das Abendmahl beim jungen Luther. München 1971.
Psychiatrie ohne Mauern. Zu einer neuen psychosozialen Praxis. Frankfurt a. M. 1979.
Aufklärung in der Medizin. Theorie – empirische Ergebnisse – praktische Anleitung. Stuttgart 1984.
Professor Parsifal. Autobiographischer Roman. München 1985.
Der Infant. Roman. Bielefeld 1992.
Terezin oder Der Führer schenkt den Juden eine Stadt. Eine Parabel. Münster 1994.
Brasa. Roman. München 1999.
Hexenkinder. Roman. München 2000.
Nachthorn. Roman. München 2002.
Babylon. Roman. München 2007.
Achterbahn. Ein Lebensweg. Reinbek 2008.
Bei Thomas Manns Tod war sein Enkel froh. [Interview von Sven Michaelsen mit Frido Mann] Welt am Sonntag, 27.4.2008.
Mein Nidden. Auf der Kurischen Nehrung. Hamburg 2012.
Das Versagen der Religion. Betrachtungen eines Gläubigen. München 2013.

Jindřich Mann
Prag, Poste restante. Eine unbekannte Geschichte der Familie Mann. Reinbek 2007.

Andere
Ebermayer, Erich: Eh' ich's vergesse … Erinnerungen an Gerhart Hauptmann u. a. Hg. und mit einem Vorwort versehen von Dirk Heißerer. München 2005.
Mühsam, Erich: Unpolitische Erinnerungen. Mit einem Nachwort von Hubert van den Berg. Hamburg 1999.
Hermann Lenz: Die neue Zeit. Mit einem Anhang: Briefe von Hermann und Hanne Lenz 1937–1945. Ausgewählt von Peter Hamm. Frankfurt a. M. 2013.

MONOGRAFIEN UND SAMMELBÄNDE

Andert, Karin: Monika Mann. Eine Biographie. Hamburg 2010.
Bitterli, Urs: Golo Mann – Instanz und Außenseiter. Eine Biographie. Berlin 2004.
Breloer, Heinrich: Unterwegs zur Familie Mann. Begegnungen, Gespräche, Interviews. Frankfurt a. M. 2001.
Flügge, Manfred: Heinrich Mann. Eine Biographie. Reinbek 2006.
Harpprecht, Klaus: Thomas Mann. Eine Biographie. 2 Bde. Reinbek 1995.
Heine, Gert / Paul Schommer: Thomas Mann Chronik. Frankfurt/M. 2004.
Heißerer, Dirk (Hg.): Thomas Mann in München I–V. Vortragsreihe 2003–2010. München 2004–2010. – Ders. (Hg.): Thomas Manns »Villino« in Feldafing am Starnberger See 1919–1923. München 2001. – Ders.: Die wiedergefundene Pracht. Franz von Lenbach, die Familie Pringsheim und Thomas Mann. Göttingen 2009. – Ders.: Im Zaubergarten. Thomas Mann in Bayern. München 2005. – Ders.: Wo die Geister wandern. Eine Topographie der Schwabinger Bohème um 1900. München 1993.
Holzer, Kerstin: Elisabeth Mann Borgese. Ein Lebensportrait. Berlin 2001.
Jasper, Willi: Carla Mann. Das tragische Leben im Schatten der Brüder. Berlin 2012. – Ders.: Der Bruder. Heinrich Mann. Eine Biographie. München 1992.
Jens, Inge und Walter: Frau Thomas Mann. Das Leben der Katharina Pringsheim. Reinbek 2003. – Dies.: Katias Mutter. Das außerordentliche Leben der Hedwig Pringsheim. Reinbek 2005.
Jonas, Klaus W. / Holger Stunz: Golo Mann. Leben und Werk. Chronik und Bibliographie (1929–2003). Wiesbaden 2004.
Jüngling, Kirsten: »Ich bin doch nicht nur schlecht«. Nelly Mann. Die Biographie. Berlin 2008. – Dies. / B. Roßbeck: Katia Mann. Die Frau des Zauberers. Berlin 2003.
Kolbe, Jürgen: Heller Zauber. Thomas Mann in München 1894–1933. Mitarbeit: Karl Heinz Bittel. Berlin 1987.
Koopmann, Helmut: Thomas Mann – Heinrich Mann. Die ungleichen Brüder. München 2005.
Krüll, Marianne: Im Netz der Zauberer. Eine andere Geschichte der Familie Mann. Zürich 1991.
Kurzke, Hermann: Thomas Mann. Das Leben als Kunstwerk. Eine Biographie. München 1999.
Lahme, Tilmann: Golo Mann. Frankfurt a. M. 2009.
Lang, Daniel: »Nicht auf der Rasenkante gehen!«. Die Familie Mann und ihr Landhaus in Bad Tölz 1908–1917. München 2007.
Lühe, Irmela von der: Erika Mann. Eine Biographie. Frankfurt a. M. 1993.
Mendelssohn, Peter de: Der Zauberer. Das Leben des deutschen Schriftstellers Thomas Mann. 3 Bde. Frankfurt a. M. 1975, 1992.
Möller, Hildegard: Die Frauen der Familie Mann. München 2004.
Naumann, Uwe (Hg.): Die Kinder der Manns. Ein Familienalbum. In Zusammenarbeit mit Astrid Roffmann. Reinbek 2005. – Ders.: »Ruhe gibt es nicht, bis zum Schluß« – Klaus Mann (1906–1949). Bilder und Dokumente. Reinbek 1999.

Prater, Donald A.: Thomas Mann. Deutscher und Weltbürger. München 1995.
Ringel, Stefan: Heinrich Mann. Ein Leben wird besichtigt. Eine Biographie. Darmstadt 2000.
Schaenzler, Nicole: Klaus Mann. Eine Biographie. Berlin 2001.
Schmitz, Walter (Hg.): Die Münchner Moderne. Die literarische Szene in der ›Kunststadt‹ um die Jahrhundertwende. Stuttgart 1990.
Schoeller, Wilfried F.: Heinrich Mann. Bilder und Dokumente. München 1991.
Schröter, Klaus: Heinrich Mann. Reinbek 1967. – Ders.: Thomas Mann. Reinbek 1964.
Strauss, Dieter / Maria A. Sene (Hg.): Julia Mann. Brasilien, Lübeck, München. Lübeck 1999.
Stübbe, Michael: Die Manns. Genealogie einer deutschen Schriftstellerfamilie. Neustadt a. d. Aisch 2004.
Wißkirchen, Hans: Die Familie Mann. Reinbek 1999.
Wüstner, Andrea: »Ich war immer verärgert, wenn ich ein Mädchen bekam«. Thomas und Katia Mann als Eltern. München 2010.
Wysling, Hans / Yvonne Schmidlin (Hg.): Thomas Mann. Ein Leben in Bildern. Frankfurt a. M. 1997.

FILME

Treffpunkt im Unendlichen. Die Lebensreise des Klaus Mann. Regie: H. Breloer. NDR 1983.
Thomas Mann. Ein Leben. Regie: K. Harpprecht. NDR 1995.
Botschafterin der Meere – Elisabeth Mann Borgese. Regie: E. Görner. BR 1997.
Escape to Life. Die Erika & Klaus Mann Story. Regie: A. Weiss und W. Speck. Großbritannien/Deutschland 2000.
Die Manns. Ein Jahrhundertroman. Regie: H. Breloer. Deutschland 2001.
Thomas Mann. Eine Münchner Liaison. Regie: N. Göttler. BR 2010.

Bildnachweis

Barbara Doll, München: 43
Bayerisches Landesamt für Denkmalpflege (Foto: Gebrüder Ludwig): 53
Bildarchiv Preußischer Kulturbesitz: 11, 25, 28
Buddenbrookhaus Lübeck: 15
http://commons.wikimedia.org: 33 (H.-P. Haack, Leipzig), 34
Keystone, Zürich: 13, 30, 37, 49, 93, 105, 111, 115
Privatarchiv Ulrich Kocher: 118
ullstein bild: 58, 67 (Imagno), 69, 74
Umschlagabbildungen: vorne: Thomas, Erika, Katja und Klaus Mann (v.l.n.r.). – Fotografie, 1929 (ullstein bild | Eduard Wasow); hinten: „Thomas-Mann-Villa" in der Poschinger Straße 1. – Fotografie aus den 1920er-Jahren (Bayerisches Landesamt für Denkmalpflege; Foto: Gebrüder Ludwig).

Aus der Reihe:

kleine bayerische biografien

Marita A. Panzer
LENA CHRIST
Keine Überflüssige
Das Leben der bedeutendsten Schriftstellerin Altbayerns. Lena Christ legte ein beachtliches Werk vor, das bis heute Anerkennung findet.
„**Sehr berührend und lesenswert.**"
SÜDDEUTSCHE ZEITUNG
133 S., 22 Abb., kart., ISBN 978-3-7917-2370-5

Gertrud Rösch
LUDWIG THOMA
Der zornige Literat
Die spannende Biografie des weltberühmten Literaten mit all ihren Brüchen und Schwierigkeiten – verfasst von einer Kennerin!
„**... hoch informativ.**" LANDSHUTER ZEITUNG
152 S., 21 Abb., kart., ISBN 978-3-7917-2445-4

VERLAG FRIEDRICH PUSTET

Verlag Friedrich Pustet
Unser komplettes Programm unter:
www.verlag-pustet.de

Tel. 0941 / 92022-0
Fax 0941 / 92022-330
bestellung@pustet.de

Bibliografische Information der Deutschen Nationalbibliothek
Die Deutsche Nationalbibliothek verzeichnet diese Publikation
in der Deutschen Nationalbibliografie; detaillierte bibliografische
Angaben sind im Internet über http://dnb.d-nb.de abrufbar.

ISBN 978-3-7917-2521-5
© 2013 by Verlag Friedrich Pustet, Regensburg
Satz: Vollnhals Fotosatz, Neustadt a. d. Donau
Druck und Bindung: Friedrich Pustet, Regensburg
Umschlaggestaltung: Martin Veicht, Regensburg
Printed in Germany 2013

Diese Publikation ist auch als eBook erhältlich:
eISBN 978-3-7917-6003-2 (epub)

Weitere Publikationen aus unserem Programm
finden Sie auf www.verlag-pustet.de